AF372347

EL DERECHO HUMANO A LA PARTICIPACIÓN CIUDADANA
Acerca de la Promoción de ese Derecho por el Estado Venezolano

EL DERECHO HUMANO A LA PARTICIPACIÓN CIUDADANA

Acerca de la Promoción de ese Derecho por el Estado Venezolano

Alberto Blanco-Uribe Quintero[*]

CUADERNOS DE LA CÁTEDRA
ALLAN R. BREWER-CARÍAS DE DERECHO ADMINISTRATIVO
UNIVERSIDAD CATÓLICA ANDRÉS BELLO
N° 41

Editorial Jurídica Venezolana
Caracas, 2020

---

[*] Abogado y Profesor Agregado de Derecho Constitucional, en la Universidad Central de Venezuela

Cuadernos publicados

1. Allan R. Brewer-Carías. *Reflexiones sobre la Revolución Americana (1776) y la Revolución Francesa (1789) y sus aportes al constitucionalismo moderno*, Caracas 1992, 208 pp.
2. Carlos M. Ayala Corao. *El régimen presidencial en América Latina y los planteamientos para su reforma (Evaluación crítica de la propuesta de un Primer Ministro para Venezuela)*, Caracas 1992, 122 pp.
3. Gerardo Fernández V. *Los Decretos-Leyes (la facultad extraordinaria del Artículo 190, ordinal 8º de la Constitución)*, Caracas 1992, 109 pp.
4. Allan R. Brewer-Carías. *Nuevas tendencias del Contencioso-Administrativo en Venezuela*, Caracas 1993, 237 pp.
5. Jesús María Casal H. *Dictadura Constitucional y Libertades Públicas*, Caracas 1993, 187 pp.
6. Ezequiel Monsalve Casado. *Enjuiciamiento del Presidente de la República y de los Altos Funcionarios*, Caracas 1993, 127 pp.
7. Gustavo J. Linares Benzo. *Leyes Nacionales y Leyes Estadales en la Federación Venezolana (La repartición del Poder Legislativo en la Constitución de la República)*, Caracas 1995, 143 pp.
8. Rafael J. Chavero Gazdik. *Los Actos de Autoridad*, Caracas 1996, 143 pp.
9. Rafael J. Chavero Gazdik. *La Acción de Amparo contra decisiones judiciales*, Caracas 1997, 226 pp.
10. Orlando Cárdenas Perdomo. *Medidas Cautelares Administrativas (Análisis de la Ley Orgánica de Procedimientos Administrativos, la Ley sobre Prácticas Desleales del Comercio Internacional y la Ley para Promover y Proteger la Libre Competencia)*, Caracas 1998, 120 pp.
11. Roxana D. Orihuela Gonzatti. *El avocamiento de la Corte Suprema de Justicia*, Caracas 1998, 158 pp.
12. Antonio Silva Aranguren. *Los actos administrativos complejos*, Caracas 1999, 137 pp.
13. Allan R. Brewer-Carías. *El sistema de justicia constitucional en la Constitución de 1999, (Comentarios sobre su desarrollo jurisprudencial y su explicación, a veces errada, en la Exposición de Motivos)*, Caracas 2000, 130 pp.
14. Ricardo Colmenares Olivar. *Los derechos de los pueblos indígenas*, Caracas 2001, 264 pp.
15. María Eugenia Soto Hernández. *El proceso contencioso administrativo de la responsabilidad extracontractual de la Administración Pública venezolana*, Caracas 2003, 139 pp.
16. Fabiola del Valle Tavares Duarte. *Actos Administrativos de la Administración Pública: Teoría general de la Conexión*, Caracas 2003, 113 pp.
17. Allan R. Brewer-Carías. *Principios Fundamentales del Derecho Público*, Caracas 2005, 169 pp.
18. Augusto Pérez Gómez. *Actos de Origen Privado*, Caracas 2006, 266 pp.
19. Jaime Rodríguez Arana. *El Marco Constitucional de los entes Territoriales en España*, Caracas 2006, 185 pp.
20. Henry Jiménez. *Régimen Legal de Hidrocarburos y Electricidad*, Caracas 2006, 279 pp.
21. M. Gabriela Crespo Irigoyen. *La potestad Sancionadora de la Administración Tributaria, Especial referencia al ámbito local en España y Venezuela*, Caracas 2006, 320 pp.
22. Jaime Rodríguez-Arana. *Aproximación al Derecho Administrativo Constitucional*, Caracas 2007, 307 pp.
23. Jesús Antonio García R. *Glosario sobre regulación de servicios públicos y materias conexas*, Caracas 2008, 190 pp.
24. Ricardo Antela. *La Revocatoria del Mandato (Régimen jurídico del Referéndum Revocatorio en Venezuela)*, Caracas 2010, 167 pp.
25. Gonzalo Rodríguez Carpio. *El alcance de aplicación territorial del impuesto sobre sucesiones*, Caracas 2011, 106 pp.
26. Juan Domingo Alfonzo Paradisi. *El Régimen de los Estados vs. la Centralización de competencias y de Recursos Financieros*, Caracas 2011, 120 pp.
27. José Ignacio Hernández G. *Introducción al Concepto Constitucional de Administración Pública en Venezuela*. 1ra edición, Caracas 2011, 249 pp.
28. Alfredo Parés Salas. *La responsabilidad patrimonial extracontractual de la Unión Europea por actuaciones conforme a derecho*. 1ra edición, Caracas 2012, 130 pp.
29. Gonzalo Rodríguez Carpio. *La denuncia del Convenio Ciadi; efectos y soluciones jurídicas*. 1ra edición, Caracas 2014, 89 pp.
30. Jaime Vidal Ortiz, Agustín Eduardo Gordillo, Allan R. Brewer-Carías. *La Función Administrativa del Estado. Cuatro amigos, cuatro visiones sobre el derecho administrativo en América Latina*. 1ra edición, Caracas 2014, 248 pp.
31. Tomás A. Arias Castillo. *La reviviscencia de las leyes: Una potestad discrecional de los Tribunales Constitucionales*. 1ra edición, Caracas 2015, 138 pp.
32. Luis Alberto Petit Guerra. *El estado social. Los contenidos mínimos constitucionales de los derechos sociales*. 1ra edición, Caracas 2015, 292 pp.
33. Carlos Reverón Boulton. *El sistema de responsabilidad patrimonial de la administración pública en Venezuela*. 1ra edición, Caracas 2015, 139 pp.
34. Alejandro Gallotti. *El poder de sustitución del juez en la función administrativa*. 1ra Edición, Caracas 2015, 194 pp.
35. Jaime Orlando Santofimio-Gamboa. *Responsabilidad del Estado por la actividad judicial*. 1ra edición, Caracas 2016, 168 pp.
36. Joaquín Dongoroz Porras. *El concepto de actividad lucrativa en el impuesto sobre actividades económicas de industria, comercio, servicios o de índole similar (aproximación a la noción de rentas pasivas)*. 1ra edición, Caracas 2018, 157 pp.

37. Gladys Stella Rodríguez. *Gobierno Electrónico en Venezuela. Una mirada desde los objetivos del desarrollo del milenio*. 1ra edición, Caracas 2018, 112 pp.

38. Luis A. Viloria. *Aproximación a los mecanismos de control político y su incidencia en el control constitucional*. 1ra edición, Caracas 2018, 176 pp.

39. Allan R. Brewer-Carías. *Sobre las nociones de Contratos Administrativos, Contratos de Interés Público, servicios públicos, interés público y orden público, y su manipulación legislativa y jurisprudencial*, 1ra edición, Caracas 2018, 260 pp.

40. Emilio Urbina. *El derecho urbanístico en Venezuela (1946-2019). Entre la tentación centralizadora y la atomización normativa de la ciudad venezolana sofocada*, 1ra edición, Caracas 2019, 117 pp.

© ALBERTO BLANCO-URIBE QUINTERO
e-mail: albertoblancouribe@gmail.com

ISBN 978-980-365-482-5
Depósito Legal DC2020000209

Editorial Jurídica Venezolana
Sabana Grande, Av. Francisco Solano, Edif. Torre Oasis, Local 4, P.B.
Apartado Postal 17.598, Caracas 1015-A, Venezuela
Teléfonos: 762.2553/762.3842 - Fax: 763.5239
E-mail fejv@cantv.net
http://www.editorialjuridicavenezolana.com.ve

Impreso por: Lightning Source, an INGRAM Content company
para: Editorial Jurídica Venezolana International Inc.
Panamá, República de Panamá.
Email: ejvinternational@gmail.com

Diagramación, composición y montaje
por: Mirna Pinto de Naranjo, en letra Book Antigua 11,
Interlineado 12, mancha 11.5x18

CITAS RELEVANTES

"La naturaleza del derecho hay que buscarla en la naturaleza misma del hombre"[1] .

"Estad dispuestos a no servir más y seréis libres"[2] .

"Si l'état est nécesaire, y compris, comme socle de la démocratie, l'espace public est la condition que cette derniere se perpétue et en transforme pas cette forme -l'Etat- en raison ultime"[3].

"La ley injusta no es ley, sino corruptio legis"[4] .

"El mundo del hombre es el de la libertad responsable y la creatividad"[5].

"La injusticia extrema no es derecho"[6].

"Quien está interesado en corrección y legitimidad, tiene que estar interesado también en democracia e igualmente tendrá que estarlo en derechos fundamentales y derechos humanos"[7]

"La democracia es el gobierno del pueblo, por el pueblo y para el pueblo"[8].

---

[1] Cicerón.

[2] Etienne de La Boètie (1572).

[3] Jacques Ion.

[4] Tomás de Aquino.

[5] Emanuel Mounier.

[6] Gustav Radbruch.

[7] Robert Alexy.

[8] Abraham Lincoln.

"*La joie démocratique d'etre ensemble et de décider collectivement d'un destin commun est à elle seule un pas en avant*"[9].

"*Nosotros somos los únicos que consideramos al hombre que se desentiende totalmente de los asuntos públicos, no un hombre que piensa en sus propios negocios, sino un inútil*"[10].

"*La Nación está obligada a conservar y proteger por leyes sabias y justas la libertad civil, la propiedad y los demás derechos legítimos de todos los individuos que la componen*"[11].

"*Cuando las palabras pierden su significado, la gente pierde su libertad*"[12].

"*Le populisme est à la politique ce que les phares de voiture sont au lapin*"[13].

---

[9]   Thierry Jeantet et Yan De Kerorguen.
[10] Pericles.
[11] Constitución de Cádiz de 1812.
[12] Confucio.
[13] Stephen Boucher.

PRÓLOGO

Por Allan R. BREWER-CARÍAS

Mi apreciado amigo, Alberto Blanco-Uribe Quintero, autor de esta importante obra sobre *"El derecho humano a la participación ciudadana. Acerca de la Promoción de ese Derecho por el Estado Venezolano,"* es un destacado abogado y profesor venezolano, graduado "Magna Cum Laude" de la Universidad Central de Venezuela, 1983, y especializado en derecho constitucional, derechos humanos, derecho ambiental, derecho administrativo y derecho tributario con cursos en la Universidad Central de Venezuela, en Caracas, en la Universidad Robert Schuman, en Estrasburgo, Francia y en la Universidad de Castilla-La Mancha, Toledo, España. Tiene ya una larga carrera en el ámbito docente, habiendo sido profesor de derecho constitucional, de contencioso tributario y de sistema de derechos humanos y de ambiente y derechos humanos en la Universidad Central de Venezuela; de derecho procesal tributario y sistema de derechos humanos y de ambiente y derechos humanos en la Universidad Católica Andrés Bello.

Ahora se ha adentrado en este fascinante ámbito del derecho a la participación ciudadana, para ponerlo en su justo lugar como derecho humano fundamental en la tradición constitucional venezolana, buscando desmontar, en particular, la falacia de la llamada democracia participativa y protagónica, que el nefasto "nuevo constitucionalismo" ha querido imponer en Venezuela, y mediante el cual como lo destaca el autor respecto del derecho humano a la participación, "se traduce en realidad en una limitación o restricción indebida del mismo, al afectar su contenido esencial, burlando entonces el principio democrático y el principio de soberanía popular".

Esto es particularmente importante por lo que respecta a todo el proceso de construcción de un Estado paralelo al Estado constitucional, denominado de Estado del Poder Popular o Estado Comunal, montado sobre unas leyes orgánicas del poder popular, las cuales, como lo denuncia el autor –siendo ello el objetivo central del libro–, "lejos de implicar el desarrollo apropiado del derecho humano a la participación ciudadana, en realidad contribuyen solapadamente a limitar o restringir indebidamente su contenido esencial, precisamente mediando una manipulación ideológica por parte de las fuerzas políticas que hoy en día controlan el poder constituido, en detrimento del mandato constitucional de soberanía popular, con lesión al principio de progresividad aplicable al derecho a la democracia."

Y en efecto, entre las ideas centrales del "nuevo constitucionalismo" criticado por Blanco-Uribe, ha estado la construcción de un discurso que, basado en las fallas de la democracia representativa, o quizás, en realidad, en las fallas de los partidos políticos como instrumentos de participación en la misma, planteó su supuesta sustitución por una pretendida "democracia participativa," la cual, en Venezuela, incluso, el discurso del régimen populista autoritario calificó, además, pomposamente, como "protagónica."

La "democracia participativa" en ese discurso, en realidad de democracia sólo tiene el nombre, siendo hábilmente utilizado frente a los fracasos políticos que han experimentado las democracias representativas por la incomprensión de los partidos políticos en permitir su evolución y perfeccionamiento. Es claro que muchas veces la expresión se utiliza sin que se sepa efectivamente de qué se trata y, generalmente, confundiendo indebidamente a la democracia participativa con elementos de democracia directa, como podría ser la iniciativa para convocar una Asamblea Constituyente o para proceder a la revocación de mandatos populares. Pero en la mayoría de los casos, como hemos observado, se utiliza como una engañosa y clara estrategia para acabar con la propia democracia representativa como régimen político, exacerbando la desconfianza en las propias instituciones del Estado constitucional democrático de derecho.

La confusión originada por el clamor que a veces se siente por la necesidad de la participación, la cual, además, por esencia, es contraria al autoritarismo y al centralismo, obliga a reflexionar sobre la propia democracia para poder situar el concepto de participación política donde le corresponde, que es, entre otros, en el ámbito local de la descentralización política.

Sin duda, los dos principios fundamentales de la democracia en el mundo contemporáneo son y seguirán siendo la representación y la participación, de manera que no puede haber democracia sin representación. Pero ante el discurso autoritario, deben tenerse claros los conceptos:

Primero, la representación, si a algo se contrapone es a la democracia directa, por lo que la verdadera dicotomía que existe en este caso es entre "democracia representativa" o "democracia indirecta," y "democracia directa."

Segundo, la participación, a la vez, si a algo se contrapone no es a la representación, sino a la "exclusión" política, de manera que la verdadera dicotomía que en este plano surge es entre "democracia participativa" o de inclusión y "democracia de exclusión" o exclusionista.

Y esto es precisamente lo que se confunde deliberadamente cuando se habla de "democracia participativa" para supuestamente acabar con los vicios de la democracia representativa, cuando en ciertos casos, lo que se quiere es destacar la necesidad de introducir mecanismos de democracia directa; y en otros, confundiéndose los conceptos para buscar la eliminación o minimización de la representatividad y establecer conforme a la receta populista una supuesta relación directa entre un líder mesiánico y el pueblo, a través de los mecanismos institucionales incluso paralelos a los propios órganos electos del Estado, dispuestos para hacerle creer al ciudadano que participa, cuando lo que se está es sometiéndolo al control del poder central, como ha ocurrido en Venezuela con todo el entramado del Estado del Poder Popular y los Consejos Comunales.

En cuanto a la democracia representativa o democracia indirecta, como indicamos, esta es y seguirá siendo de la esencia de la democracia, de manera que no hay democracia sin representación, y en particular, sin órganos representativos como son los Congresos o parlamentos electos mediante sufragio universal, secreto y directo. Su sustitución es esencialmente imposible si de democracia se trata, sin perjuicio de que la representatividad afortunadamente se haya venido enriqueciendo en muchos países en las últimas décadas, precisamente con la introducción de mecanismos de democracia directa que la complementan, pero que jamás podrán sustituirla.

No puede existir en el mundo contemporáneo una democracia que sea sólo referendaria, plebiscitaria o de cabildos abiertos permanentes; a pesar de que en casi todos los sistemas constitucionales contemporáneos se hayan incorporado mecanismos de consultas populares y de asambleas de ciudadanos con el objeto de complementar la representatividad, como son los diversos referendos (consultivos, aprobatorios, decisorios, abrogatorios, autorizatorios y revocatorios); al igual que las iniciativas populares. Ello, sin duda, ha contribuido, en algunos casos, a la movilización popular y a la relativa manifestación directa de voluntad o sentir del pueblo; pero es claro que esos mecanismos no pueden sustituir a la democracia conducida por representantes electos mediante sufragio, y mucho menos convertirse en instrumentos de gobierno.

El reto, en este punto, para contribuir a la consolidación del Estado democrático de derecho, es asegurar que dichos representantes sean realmente representativos de las sociedades y sus comunidades, y sean elegidos en sistemas de sufragio directo, universal y secreto donde impere el pluralismo político, y a través de procesos electorales transparentes que aseguren el acceso al poder con sujeción al Estado de derecho, en los cuales no puede prescindirse de los partidos políticos, aunque por supuesto, sea indispensablemente renovados.

Pero más interés contemporáneo tiene el segundo principio de la democracia, el de la participación política, que apunta a establecer un régimen democrático de inclusión política, donde el ciudadano sea parte de su comunidad organizada con autonomía política, y contribuya a tomar las decisiones que le conciernen. Participar, en definitiva, es estar incluido, por lo que la dicotomía en este caso de la participación política es la exclusión política, la cual además conlleva la de orden social y económico.

Por ello, no debe olvidarse que participar políticamente no es otra cosa que ser parte de una comunidad política que por esencia debe gozar de autonomía política, en la cual el individuo tiene un rol específico de carácter activo para contribuir a la toma de decisiones, que no se agota, por ejemplo, en el sólo ejercicio del derecho al sufragio; o en ser miembro de sociedades intermedias, aún las de carácter político como los partidos políticos; o en votar en referendos; o en participar en asambleas de ciudadanos y menos si son controladas por un poder central.

La participación política democrática, por tanto, en ninguna sociedad democrática se ha logrado permanentemente con las solas votaciones en referendos o consultas populares, ni con manifestaciones, así sean multitudinarias, y menos de las que son obedientes y sumisas a un líder y a las cuales se asiste obligatoriamente. Eso, que no es más que una forma de manifestación política, las cuales la historia se ha encargado de enseñárnoslas en todas sus facetas, incluyendo las propias de los autoritarismos fascistas del Siglo pasado, la cual no se puede confundir con participación política.

Para que la democracia sea inclusiva o de inclusión, tiene que permitir al ciudadano poder ser parte efectivamente de su comunidad política que ante todo tiene que ser autónoma; tiene que permitirle desarrollar conciencia de su efectiva pertenencia, es decir, de pertenecer en el orden social y político a una comunidad, a un lugar, a una tierra, a un campo, a una comarca, a un pueblo, a una región, a una ciudad, en fin, a un Estado, y ser electo mediante sufragio directo y universal para ello, como representante de la misma.

Por ello, la democracia participativa no es nada nuevo en la historia política; ha estado siempre, desde los mismos días de las Revoluciones del Siglo XIX en la teoría y prácticas políticas democráticas. En todos los países con democracias consolidadas, incluso, está imperceptiblemente arraigada en el nivel más ínfimo de los territorios de los Estados, en las entidades políticas autónomas como los Municipios o las Comunas, conformadas por gobiernos propios electos democráticamente mediante sufragio universal directo y secreto; es decir, en la base de la distribución territorial del poder que tanto aborrecen los autoritarismos, y los propugnadores del "nuevo constitucionalismo." De allí la importancia –como lo destaca el autor– de "la relación entre la descentralización del poder y la facilitación del ejercicio del derecho a la participación ciudadana."

Con las leyes del Poder Popular, que denuncia Blanco-Uribe, en definitiva lo que se ha buscado es eliminar la representación y la democracia representativa, mediante el establecimiento del Estado del Poder Popular o del Poder Comunal, o Estado Comunal, estructurado desde los Consejos Comunales, como unidades u organizaciones sociales no electas mediante sufragio universal, directo y secreto y, por tanto, sin autonomía territorial, es decir, eliminando toda idea de descentralización política, supuestamente dispuestos para canalizar la "participación ciudadana," pero conforme a un sistema de conducción centralizado desde la cúspide del Poder Ejecutivo Nacional, que es la antítesis de la participación.

Así fue, efectivamente, como se propuso conformar el "Estado participativo" en el proyecto de Reforma Constitucional de 2007, con la reforma propuesta del artículo 136 de la Constitución, indicando que el mismo "no nace del sufragio ni de elección alguna, sino que nace de la condición de los grupos humanos organizados como base de la población." Es decir, se pretendió establecer con la reforma constitucional, una "democracia" que no es democracia, pues en el mundo moderno no hay ni ha habido democracia sin elección de representantes mediante sufragio.

Pero aparte de la falacia de la participación protagónica, a través de los mecanismos del Poder Popular, que Blanco-Uribe analiza con toda precisión, debe recordarse que en la Constitución de 1999 se establecieron tres mecanismos específicos de participación ciudadana, que lamentablemente tampoco se han hecho realidad. Me refiero a la participación directa de representantes de los sectores de la sociedad civil en la conformación de los comités de postulaciones para la elección en segundo grado de los titulares de los Poderes Públicos Electoral, Judicial y Ciudadano; de los ciudadanos y de la sociedad organizada para la consulta pública obligatoria de las leyes; y para tener la iniciativa en materia de realización de referendos revocatorios.

Como homenaje al autor por su excelente trabajo, y hasta cierto punto como complemento al mismo, quiero referirme a estos tres mecanismos de participación ciudadana, destacando particularmente cómo el régimen autoritario anuló la posibilidad de su implementación.

El primer mecanismo de participación ciudadana directamente establecido en la Constitución es el que busca garantizar que la elección en segundo grado por la Asamblea Nacional de los magistrados del Tribunal Supremo de Justicia (Poder Judicial) (art. 264, 265); del Contralor General de la República, del Fiscal General de la República y del Defensor del Pueblo (Poder Ciudadano) (art.279), y de los miembros del Consejo Nacional Electoral (Poder Electoral) (art. 296), solo pueda hacerse mediante postulaciones que solo pueden formular unos "Comités de Postulaciones" (Comité de Postulaciones Judiciales, arts. 264, 270; Comité de Evaluación de Postulaciones del Poder Ciudadano, art. 279; y Comité de Postulaciones Electorales, art. 295), que deben estar necesaria y únicamente integrados por representantes de los diversos sectores de la sociedad, es decir, con personas provenientes de la sociedad civil, lo que implica que en los mismos no pueden tener cabida personas que sean funcionarios públicos. Por tanto, los diputados a la Asamblea Nacional no podrían formar parte de dichos Comités, siendo inconstitucional su inclusión en los mismos.

Sin embargo, esa posibilidad de participación ciudadana, desde 1999 sufrió infinidad de vicisitudes políticas, no solo por la sanción de una legislación que la ha distorsionado, sino por la acción y la omisión tanto de la Asamblea Nacional como del Juez Constitucional, que han propiciado la demolición misma del principio de la participación ciudadana, habiéndose conformado dichos Comités en definitiva como Comisiones parlamentarias ampliadas, dependientes de la Asamblea Nacional. En esa forma, la Asamblea se aseguró, materialmente, el mismo poder discrecional que tenía el antiguo Congreso Nacional en la designación de los titulares de los órganos no electos del Poder Público, y que era lo que la reforma de 1999 quería evitar, como por ejemplo quedó evidenciado masivamente en 2014, con las inconstitucionales designaciones de los titulares de las ramas del Poder Público, que se configuraron como un golpe de Estado.

Todo ese descalabro comenzó con la Ley Especial para la Ratificación o Designación de los Funcionarios y Funcionarias del Poder Ciudadano y Magistrados y Magistradas del Tribunal Supremo de Justicia para el primer período constitucional de 14 de noviembre de 2000, la cual violando los artículos 264, 270 y 279 de la Constitución, sustituyó los Comités de Postulaciones por una Comisión Parlamentaria de 15 diputados, quienes luego debían escoger seis "representantes" de la sociedad civil para integrarlos a la Comisión.

Esa Ley Especial fue una burla a la Constitución y constituyó el inicio de la continuada confiscación del derecho a la participación política de los administrados. La Defensora del Pueblo en 2000 incluso intentó una acción de nulidad por inconstitucionalidad contra la Ley Especial, solo para que la Sala Constitucional del Tribunal Supremo de Justicia, cuyos Magistrados habían sido producto del régimen transitorio, –decidiendo en causa propia– legitimara la omisión del legislador y justificara la violación de la Constitución.

Con posterioridad, las Leyes Orgánicas del Tribunal Supremo de Justicia, del Poder Ciudadano y de los Procesos Electorales se encargaron de ignorar lo dispuesto en la Constitución y siguieron configurando dichos Comités como comisiones parlamentarias integradas con mayoría de diputados, marginando a la sociedad civil y al derecho a la participación ciudadana. Y en el caso del Consejo nacional Electoral, ni siquiera las formas se han buscado respetar, y desde 2004, ha sido la Sala Constitucional la que ha electo a los Rectores del mismo, sin siquiera haberse constituido ningún Comité de Participación ciudadana, quedando así secuestrado el Poder Electoral.

En esta forma, una de las reformas "estrella" incorporadas en la Constitución para garantizar la participación ciudadana de representantes de los diversos sectores de la sociedad, fue olvidada y nunca aplicada por obra del legislador y del Juez Constitucional que avaló el zarpazo autoritario contra la participación popular.

El segundo mecanismo de participación ciudadana directamente establecido en la Constitución fue la incorporación en el texto de las diversas formas de realización de referendos (consultivos, aprobatorios, decisorios, abrogatorios, autorizatorios y revocatorios), los cuales, ante la ausencia de regulación legislativa, y el establecimiento mediante normas reglamentarias de condiciones y requisitos, no han podido realizarse efectivamente.

Ello ha tenido especial repercusión en cuanto al referendo revocatorio de mandatos electivos, regulado en el artículo 72 de la Constitución, al establecer el derecho ciudadano a la revocatoria de los mismos, que los ciudadanos pueden convocar mediante una iniciativa popular por un número no menor del veinte por ciento de los electores inscritos en la correspondiente circunscripción, disponiéndose que cuando un número igual o mayor de electores que eligieron al funcionario hubieren votado a favor de la revocación, siempre que haya concurrido al referendo un número de electores igual o superior al veinticinco por ciento de los electores inscritos, se considerará revocado su mandato y se procederá de inmediato a cubrir la falta absoluta conforme a lo dispuesto en esta Constitución y en la ley.

En 2004 se presentó una iniciativa popular para la revocación del mandato del Presidente Hugo Chávez, y efectuado el referendo revocatorio presidencial el 15 de agosto de 2004, conducido por un órgano electoral, que como lo afirmó el Secretario General de la Organización de Estados Americano, Cesar Gaviria, quién fue observador internacional destacado en el mismo, "atendía a líneas partidistas;" a pesar de que el mandato del Presidente de acuerdo con la Constitución había quedado revocado, el Consejo Nacional Electoral con la ayuda de la Sala Constitucional, le cambió el carácter de "revocatorio" del referendo y lo convirtió en un referendo "ratificatorio" que no está previsto en la Constitución.

Para ello, el Consejo Nacional Electoral al dictar en el 2003 las Normas para regular los procesos de Referendos Revocatorios de mandatos de Elección Popular, si bien estableció que se consideraría revocado el mandato "si el número de votos a favor de la revocatoria es igual o superior al número de los electores que eligieron al funcionario," agregó la frase: "y no resulte inferior al número de electores que votaron en contra de la revocatoria" (Art. 60), agregando mediante un acto reglamentario un elemento no previsto en la Constitución. Con ello se trastocó la naturaleza "revocatoria" del referendo que regula el artículo 72 de la Constitución, y en evidente fraude a la Constitución, se lo convirtió en un referendo "ratificatorio" de mandatos de elección popular.

Lo inaudito de este fraude constitucional, es que dicho criterio luego sería avalado por la propia Sala Constitucional del Tribunal Supremo de Justicia en la sentencia Nº 2750 de 21 de octubre de 2003 (Caso: Carlos E. Herrera Mendoza, Interpretación del artículo 72 de la Constitución), en la cual señaló que:

> "Se trata de una especie de relegitimación del funcionario y en ese proceso democrático de mayorías, incluso, si en el referendo obtuviese más votos la opción de su permanencia, debería seguir en él, aunque voten en su contra el número suficiente de personas para revocarle el mandato."

En realidad, en un referendo "revocatorio" no puede haber votos por "la permanencia" del funcionario; lo que puede haber son votos por la revocación del mandato o por la no revocación. El voto por la "no revocación" del mandato es un voto negativo (No); y un voto negativo no puede ser convertido en un voto positivo (Si) por la permanencia del funcionario. Ello sería cambiar la naturaleza del referendo revocatorio, lo que efectivamente ocurrió en Venezuela, correspondiendo a la Sala Constitucional ratificar el trastocamiento de la naturaleza de la revocación del mandato, convirtiéndola en un mandato para "relegitimar" o para "ratificar" mandatos de elección popular, cuando ello no fue la intención del constituyente ni resulta del texto del artículo 72 de la Constitución.

Lo más grave de la secuela de este proceso fue que el gobierno pasó a desarrollar la estrategia de discriminación política más masiva que se ha producido en toda la historia de América Latina, al publicar una llamada "lista Tascón," con los nombres de los ciudadanos peticionarios del referendo revocatorio (no de los votantes, solo de los que ejercieron el derecho constitucional de petición –más de tres millones–) quienes inmediatamente quedaron excluidos de toda posibilidad de entrar en contacto con la Administración del Estado, e incluso en algunos casos, ni siquiera poder obtener el documento de identidad.

El caso fue denunciado ante la Comisión Interamericana de Derechos Humanos por algunos agraviados, y al final, la Corte Interamericana de Derechos Humanos dictó sentencia condenatoria al Estado venezolano con fecha 8 de febrero de 2018 (Caso: Rocío San Miguel Sosa, Magally Chang Girón y Thais Coromoto Peña vs. Venezuela), por violación a los derechos políticos y libertad de pensamiento y expresión de las denunciantes, encontrando responsable a Venezuela por la desviación de poder y discriminación política.

Similares trabas para impedir la participación ciudadana mediante la revocatoria de mandatos se produjeron en 2016 luego de que se presentara una petición popular para iniciar el proceso de convocatoria del referendo revocatorio para el mandato del presidente Nicolás Maduro, respaldada por más de dos millones de firmas. Por orden del gobierno, el Consejo Nacional Electoral inició el proceso de entrabamiento de la manifestación legitima de la voluntad popular, calificando la petición como un golpe de Estado, a lo que el Secretario General de la Organización de Estados Americanos, Luis Almagro, en su comunicación al Consejo Permanente de la Organización, el 30 de mayo de 2016, sobre la situación de Venezuela a la luz de la Carta Democrática Interamericana, indicó que:

"El hecho de llamar a un revocatorio conforme a la Constitución no es ser golpista; ser golpista es anular esa posibilidad constitucional de que el pueblo se exprese. O diferirla. O ponerle obstáculos. O proponer fórmulas insanas políticamente ..."

Como no hubo tiempo de llevar el asunto para obtener una decisión de "justicia constitucional a la carta" de parte del Juez Constitucional, el gobierno a través de gobernadores de Estado oficialistas, se las arregló para que al unísono formularan peticiones ante jueces penales, los cuales dictaron medidas cautelares suspendiendo el proceso de recolección de firmas para la iniciativa del referendo revocatorio, que el Poder Electoral controlado, de inmediato "acató", suspendiendo el proceso *sine die*.

Todo ello lo que puso en evidencia es que la democracia "participativa" de mandatos revocables regulada en la Constitución, que tanta importancia se le da en el "nuevo constitucionalismo," no pasó de ser otra gran mentira.

Pero la violación al derecho a la participación ciudadana que se materializa en la convocatoria del referendo para convocar una Asamblea Nacional Constituyente también fue ignorada en el país.

Debe recordarse que el artículo 347 de la Constitución, establece que siendo el pueblo "el depositario del poder constituyente originario," es el pueblo "en ejercicio de dicho poder, puede convocar una Asamblea Nacional Constituyente."

De ello resulta que solo el pueblo es el que puede convocar una Asamblea Constituyente y ello no puede ocurrir en otra forma que no sea un referendo de convocatoria, que es la forma de manifestar la voluntad del pueblo para tal fin. Sin embargo, ignorando esa norma constitucional, Nicolás Maduro, como Presidente de la República, anunció el 1º de mayo de 2017, pura y simplemente "la convocatoria al poder constituyente originario."

Esa propuesta que se concretó luego en los Decretos Nº 2.830 de 1º de mayo de 2017 y Nº 2.878 de 23 de mayo de 2017, fue errada, fraudulenta, inconstitucional, porque el Presidente de la República no puede de acuerdo con la Constitución convocar una Asamblea Constituyente, siendo solo el pueblo el que exclusivamente puede hacerlo, pues es el único que detenta el poder constituyente originario.

Ahora bien, para que el pueblo pueda convocar una Asamblea Nacional Constituyente mediante la expresión de su voluntad que solo puede materializarse a través de un referendo, el artículo 348 de la Constitución asigna la iniciativa para que se inicie el proceso y pueda el pueblo pronunciarse sobre la convocatoria, primero, al Presidente de la República en Consejo de Ministros; segundo, a la Asamblea Nacional, mediante acuerdo de las dos terceras partes de sus integrantes; tercero, a los Concejos Municipales en cabildo, mediante el voto de las dos terceras partes de los mismos; o cuarto, al quince por ciento de los electores inscritos en el Registro Civil y Electoral. Estos tienen la facultad de proponer ante el Consejo Nacional Electoral que se lleve a cabo un referendo para que el pueblo convoque la Constituyente; pero no tienen poder alguno para hacer la convocatoria; sólo tienen la iniciativa para que el pueblo convoque.

El decreto de convocatoria, por supuesto, fue impugnado por inconstitucionalidad ante la Sala Constitucional del Tribunal Supremo de Justicia, pero de nuevo, la misma mediante sentencia Nº 378 de 31 de mayo de 2017, avaló el fraude constitucional ignorando el derecho ciudadano a la participación política para la convocatoria en exclusiva por el pueblo de la Asamblea Constituyente, declarando falsamente que conforme a los artículos 347 y 348 de la

Constitución, "no es necesario ni constitucionalmente obligante, un referéndum consultivo previo para la convocatoria de una Asamblea Nacional Constituyente, porque ello no está expresamente contemplado en ninguna de las disposiciones del Capítulo III del Título IX."

Esta absurda conclusión, que contaría la letra del artículo 347 de la Constitución, la elaboró el Juez Constitucional a la medida de lo que quería el régimen con ocasión de decidir un recurso de interpretación de dicha norma, ignorando incluso que en el mismo Diario de Debates de la Asamblea Constituyente de 1999 quedó claro que la convocatoria de la Asamblea Constituyente solo se podía hacer por el pueblo mediante un "referendo de convocatoria." No hay otra forma, en esta materia, cómo el pueblo pueda manifestarse.

Es decir, a pesar de que se diga que solo el pueblo como titular del poder constituyente originario puede convocar la Asamblea Nacional Constituyente, como no se identifica expresamente la forma como el pueblo puede manifestar su voluntad que no es otra que no sea a través de un referendo, simplemente el Juez Constitucional le quitó su poder y se lo asignó arbitrariamente al Presidente de la República, usurpándose así la voluntad popular.

Y de ello lo que resultó fue la aberración constitucional siguiente: que ni más ni menos, para cambiarle una coma a un artículo constitucional, el pueblo debe participar mediante un referendo, pero para sustituir en su totalidad una Constitución por otra y crear un nuevo Estado, el pueblo no debe participar mediante referendo, simplemente porque no se previó expresamente la forma de convocar la Asamblea Constituyente.

El tercer mecanismo de participación ciudadana directamente establecido en la Constitución La Constitución de 1999, se refiere al proceso de elaboración de las leyes, disponiéndose en forma general que la Asamblea Nacional o las Comisiones Permanentes, durante el procedimiento de discusión y aprobación de los proyectos de leyes, deben consultar a los ciudadanos y a la sociedad organizada para oír su opinión sobre los mismos, teniendo derecho de palabra en su discusión los representantes de la sociedad organizada, "en los términos que establezca el reglamento de la Asamblea Nacional" (art. 211).

Lo importante de dicha norma no es su aspecto formal de regulación de un "procedimiento legislativo" específico en el proceso desarrollado ante la Asamblea nacional y sus Comisiones, sino su aspecto sustantivo, en cuanto a la regulación en el propio texto constitucional, de un derecho constitucional de los ciudadanos y de la sociedad organizada a participar mediante una necesaria consulta popular en el proceso de formación de las leyes.

Las leyes, ciertamente, conforme a la Constitución, normalmente se sancionan por la Asamblea Nacional en ejercicio del Poder Legislativo, cumpliendo la función normativa como "función propia" de la misma; pero también pueden emitirse por el Presidente de la República en ejercicio del Poder Ejecutivo, cumpliendo la función normativa en virtud de delegación legislativa que se realiza mediante las leyes habilitantes (art. 203). Por ello, el derecho a la participación ciudadana tiene que existir en ambos casos en el proceso de la discusión de la ley o de la elaboración de los proyectos, pues lo contrario significaría sostener que el derecho ciudadano a la participación política sólo estaría garantizado en el caso de leyes dictadas por la Asamblea Nacional, pero no de leyes dictadas por el Poder Ejecutivo a través de decretos leyes, lo que por supuesto no tendría sentido alguno.

Sin embargo, lo cierto es que este derecho constitucional, también característico de la llamada "democracia participativa," puede decirse que nunca se ha cumplido a cabalidad, por no haberse realizado en el país consulta popular efectiva alguna sobre los proyectos de ley sancionadas en los últimos lustros en la forma prescrita en la Constitución, ni de los proyectos de decretos leyes dictados por el Ejecutivo. Particularmente, además, por el hecho de que hasta 2016, la Asamblea Nacional simplemente dejó de legislar y delegó en el Poder Ejecutivo la legislación básica del país, al punto de que más del 90% de las leyes vigentes en Venezuela en un régimen que se había proclamado como democrático, fueron dictadas a través de decretos leyes mediante legislación delegada por el Presidente de la República, los cuales, por supuesto, nunca fueron consultados a los ciudadanos.

Baste recordar para constatar la violación de este derecho a la participación política, cómo en solo pocos días de diciembre de 2015, en plenas fiestas navideñas y de fin de año, la Asamblea Nacional que terminaba su período, durante sesiones extraordinarias, al unísono con el Presidente de la República, dictaron más de 30 leyes –en sólo dos días– cuyo contenido y propósito solo fue conocido cuando salieron publicadas en la Gaceta Oficial. Lo mismo ya había pasado en diciembre de 2010 cuando la Asamblea Nacional que entonces también estaba terminando su período constitucional, a la carrera e igualmente durante sesiones extraordinarias, sancionó no solo la reforma de la Ley Orgánica del Tribunal Supremo de Justicia, sino todas las Leyes Orgánicas del Poder Popular, las cuales no fueron tampoco objeto de consulta popular en la forma prescrita en la Constitución, y solo fueron conocidas al aparecer publicadas en la Gaceta Oficial.

Y lo peor de ello, es que, de nuevo, fue el Juez Constitucional, es decir, la Sala Constitucional del Tribunal Supremo de Justicia, actuando completamente bajo control del Poder Ejecutivo, el que en 2014 cohonestó, en fraude a la Constitución, el incumplimiento de la exigencia constitucional de participación popular.

Y ello lo hizo, en primer lugar, estableciendo, sin razón alguna, que el principio participativo solo se aplicaba cuando la Asamblea Nacional era la que legislara, pero no cuando el Ejecutivo lo hiciera. Ello ocurrió mediante sentencia Nº 203 de 25 de marzo de 2014 (Caso: Síndica Procuradora Municipal del Municipio Chacao del Estado Miranda, impugnación del Decreto Ley de Ley Orgánica de la Administración Pública de 2008), en la cual, luego de muchas impugnaciones de decretos leyes por violación al derecho a la participación, por primera vez la Sala entró a conocer de la denuncia de inconstitucionalidad formulada, declarándola sin embargo, sin lugar, por considerar simplemente que como la legislación no se dictó por la Asamblea Nacional sino por el Poder Ejecutivo, entonces, en fraude a la Constitución, la Sala estimó que las leyes dictadas mediante decretos leyes no exigían la previa consulta popular.

Es decir, en definitiva, la Sala admitió una forma de "evadir" la obligación del Estado de asegurar la participación popular, y de burlarse del derecho ciudadano a la participación política, olvidándose de la supuesta "democracia participativa y protagónica," extinguiéndola con dicha sentencia.

En segundo lugar, la violación del derecho a la participación ciudadana en el proceso de formación de las leyes, también la hizo el Juez Constitucional en 2017, cuando mediante sentencia de la Sala Constitucional Nº 355 de 16 de mayo de 2017 (Caso: impugnación de la Ley de reforma de la Ley Orgánica del Poder Público Municipal), interpretó que la "consulta popular" respecto de las leyes que regula expresamente la Constitución se podía realizar al margen de la misma, no por la Asamblea Nacional o las Comisiones Permanentes durante el procedimiento de discusión y aprobación de los proyectos como lo prevé el artículo 211, sino fuera del proceso legislativo, en cualquier forma, sin control alguno.

La Constitución, en la materia, sin embargo, es lo suficientemente clara al establecer la obligación de consulta y especificar, con exactitud en su artículo 211: los sujetos obligados (la Asamblea Nacional o las Comisiones Permanentes); la oportunidad de cumplimiento de la obligación (durante el procedimiento de discusión y aprobación de los proyectos de leyes); los sujetos a ser consultados (los ciudadanos y la sociedad organizada); y el objeto de la consulta (oír su opinión sobre los proyectos).

Los tres mecanismos de participación ciudadana previstos en la Constitución, antes referidos, que han sido totalmente ignorados y distorsionados por el régimen, lo que confirma es la denuncia que ha hecho el profesor Blanco-Uribe en su libro, sobre la falacia de la "democracia participativa" tan pomposamente difundida por la propaganda oficial, pero que no ha sido otra cosa sino una gran mentira.

Me complace mucho tener esta oportunidad de participar como prologuista en el trabajo académico de Alberto Blanco-Uribe Quintero, pues además de rendirle honor al autor, me permite aún en una forma indirecta de rendirle homenaje a su madre, Mariolga Quintero Tirado mi muy querida amiga de toda la vida, mi socia en Baumeister & Brewer y mi compañera en las actividades universitarias y profesionales.

New York, marzo de 2020

INTRODUCCIÓN

1. *Antecedentes*

Al momento de incursionar en la historia constitucional de Venezuela resulta menester, obviamente, analizar concienzudamente lo que pudieron ser (y en efecto resultaron ser) las ideas fundamentales que influenciaron el actuar de nuestros fundadores, al crear esta novel república, nacida constitucionalmente en 1811.

Y, el solo hecho de mencionar ese año, de por sí únicamente, nos sitúa de inmediato históricamente aguas abajo de dos hechos trascendentales desde el punto de vista de la filosofía política universal, caracterizables de revolucionarios, por haber implicado un cambio radical en las concepciones previas acerca del rol del ser humano dentro de la sociedad, y también de su manera de gobernarse, tenido básicamente como un mero súbdito hasta entonces, para reconducirlo en un dignificante nuevo paradigma, a la condición de ciudadano.

Esos hechos no son otros que, por un lado, el proceso independentista de los Estados Unidos de América, frente a la Corona Británica, que conllevó a la creación de la primera república moderna del mundo, desde la Declaración de Derechos del Buen Pueblo de Virginia y la Declaración de Independencia del 4 de julio de 1776, hasta la aprobación de la Constitución, por la Convención Constitucional de Filadelfia, el 17 de septiembre de 1787, bajo la noción de *"We, the People"*.

Por supuesto, aunque no las analizaremos, cabe señalar la existencia previa de los respectivos procesos constituyentes de los Estados en que se convirtieron las trece excolonias del momento.

Y, por el otro lado, la revolución francesa que da al traste con el régimen absolutista monárquico anterior, conocido como *"Ancien Régime"*[1], iniciándose con una actuación sin precedentes de origen popular, como lo fue la autoproclamación del Tercer Estado (*"Tiers état"*) en tanto que Asamblea Nacional, detentadora legítima del poder político soberano, en 1789, y cuyos principios centrales fueron vertidos en la Constitución aprobada por la Asamblea Nacional Constituyente el 3 de septiembre de 1791. Claro que esa primera constitución no fue republicana, pues la experiencia democrática se inició instituyendo una monarquía constitucional o parlamentaria, siendo que la primera república creada por la Constitución del año I (24 de junio de 1793) tuvo una vida efímera, viéndose sustituida por ensayos consecutivos de restablecer el personalismo y la soberanía monárquica de origen divino, con la Constitución del año III (22 de agosto de 1795), que crea el Directorio, las de los años VIII (13 de diciembre de 1799) y X (2 de agosto de 1802), que implantan el Consulado, la del año XII (18 de mayo de 1804), que instaura el Imperio, y las Cartas Constitucionales del 4 de junio de 1814, del 22 de abril de 1815 y del 14 de agosto de 1830, que restauran la monarquía.

Hasta que por fin se establece la segunda república, con la Constitución del 4 de noviembre de 1848, que vuelve a los principios originarios, pero que no la consideraremos por ser posterior a 1811.

Evidentemente, variados han sido los cambios constitucionales experimentados hasta nuestros días, tanto en los Estados Unidos

---

[1] *"L'expression **Ancien Régime** a été utilisée en 1789 par des députés de l'Assemblée nationale constituante pour désigner, avec une connotation négative, le régime monarchique en place **jusqu'aux Etats généraux en juin 1789**. Elle a été reprise par Tocqueville (L'Ancien Régime et la Révolution, 1856) et par les historiens du XIXe siècle pour désigner les deux siècles qui vont du règne d'Henri IV (1589-1610) à juin 1789.*

Encadré par la Renaissance et la Révolution française, l'Ancien Régime est l'ensemble des institutions et gouvernements de la France durant cette période. De par la continuité dynastique des Bourbons, il est marqué par une grande stabilité dans les domaines politique, administratif et social.

L'Ancien Régime se caractérise par une monarchie absolue et de droit divin et une inégalité sociale fondée sur des privilèges de naissance pour la Noblesse et le rôle important joué par le Clergé. Il n'y a pas de constitution écrite et c'est le roi qui incarne l'Etat" (http://www.toupie.org/Dictionnaire/Ancien_regime.htm).

de América, a través de las diversas enmiendas a su única Constitución histórica, como en Francia, con sucesivas Constituciones. Empero, a nuestros fines, lo que nos interesa destacar es el aporte a la génesis del constitucionalismo venezolano originario y primigenio, específicamente en cuanto concierne a la noción de soberanía popular[2], como influencia directa a nuestra primera Constitución, la de 1811, contenido en las ideas presentes en la Constitución de los Estados Unidos de América, del 17 de septiembre de 1787, cuyo soporte filosófico se encuentra en la Declaración de Derechos del Buen Pueblo de Virginia del 12 de junio de 1776 y en la Declaración de Independencia del 4 de julio de 1776; y, en las Constituciones francesas del 3 de septiembre de 1791 y del 24 de junio de 1793, que encuentran su orientación filosófica en la Declaración de los Derechos del Hombre y del Ciudadano del 26 de agosto de 1789. No obstante, aunque no las consideraremos, evocamos aquí la existencia previa de las Constituciones Provinciales correspondientes a las siete entidades que luego votaron por nuestro frustrado pacto federal.

---

[2] Es importante desde ya dar luz acerca de nuestra idea de soberanía popular. En este sentido, partimos de las concepciones ya clásicas que siguen: "En política, el soberano es el ser superior que tiene el poder de decisión, de imponer leyes sin recibirlas de otro, por tanto, no está sujeto a las leyes escritas, pero sí a la ley divina o natural, según Jean Bodin en 1576. Luego, Thomas Hobbes en 1651 constituyó al soberano en la única forma de poder y, por tanto, la soberanía de este no dependía de la ley divina o natural. Más tarde, en 1762, Jean-Jacques Rousseau definió soberanía como un poder del pueblo, es la denominada soberanía popular, aunque cada individuo será soberano y súbdito al mismo tiempo haciendo iguales y libres a todos los ciudadanos.

La soberanía es la autoridad más elevada o suprema donde reside el poder político y público de un pueblo, una nación o un Estado, sobre su territorio y sus habitantes. Por tanto, la soberanía es la independencia de cualquier Estado para crear sus leyes y controlar sus recursos sin la coerción de otros Estados. Por ejemplo, en algunos gobiernos, como en España, la soberanía reside en el pueblo, según la constitución española, del que emanan todos los poderes del Estado, a través de representantes elegidos por votación. Esta soberanía es la denominada soberanía nacional".

Empero, esa tradicional concepción ligada a la indispensable representatividad ha de ser complementada con la idea de intervención directa de los ciudadanos en la toma y ejecución de las decisiones públicas, bajo los presupuestos de la democracia participativa. Así, la soberanía popular, a nuestros fines, supone la facultad del pueblo de elegir a sus representantes políticos, y también la de participar en la toma y ejecución de las decisiones públicas.

En otro orden de ideas, tenemos que al momento en que la Asamblea Nacional Constituyente venezolana aprobaba en 1999 la Constitución de la así *"refundada"* República Bolivariana de Venezuela, uno de los pretendidos nuevos paradigmas consistió en la supuesta sustitución del tradicional modelo democrático representativo, presente en la anterior Constitución de 1961, por un sistema de democracia participativa[3] *"y protagónica"* (Preámbulo: *"establecer una sociedad democrática, participativa y protagónica"*)[4].

En ese sentido la nueva Constitución (hoy vigente), por cierto, sometida a referéndum popular aprobatorio, es prolija en dispositivos que hacen referencia al derecho humano a la participación,

---

[3]   Fernando Flores Giménez. "La Participación Ciudadana en la Constitución de 1999" (p. 75): *"...en la nueva Constitución la participación viene ubicada en el centro mismo del sistema, sistema que se ha denominado expresamente por sus impulsores como democracia participativa...reflejar la respuesta social a la deslegitimación del sistema representativo y de sus actores principales, los partidos políticos..."*.

[4]   En la Exposición de Motivos de la Constitución, publicada en la Gaceta Oficial Extraordinaria N° 5.453 del 24 de marzo de 2000, pueden leerse estas "estrofas": *"Concebir la gestión pública como un proceso en el cual se establece una comunicación fluida entre gobernantes y pueblo, implica modificar la orientación de las relaciones entre el Estado y la sociedad, para devolverle a esta última su legítimo protagonismo"*; *"La corresponsabilidad entre sociedad y Estado, el sentido de progresividad de los derechos, la indivisibilidad e interdependencia de los derechos humanos constituyen una herramienta doctrinaria que define una nueva relación de derechos y obligaciones entre sujetos que participan solidariamente en la construcción de una sociedad democrática, participativa, autogestionaria y protagónica"*; *"se consagra la conocida distribución vertical del Poder Público: Poder Municipal, Estadal y Nacional; colocados en este orden según su cercanía con el ciudadano, sujeto protagónico de este modelo de democracia participativa"*; *"Como expresión del salto cualitativo que supone el tránsito de la democracia representativa a una democracia participativa y protagónica, se crea una nueva rama del Poder Público, el Poder Electoral"*; *"Se expresa esta nueva concepción a través de la implementación de instituciones políticas como la elección de cargos públicos, el referendo, la consulta popular, la revocatoria del mandato, la iniciativa legislativa, constitucional y constituyente; el cabildo abierto y las Asambleas de ciudadanos y ciudadanas, cuyas decisiones revisten el carácter de vinculante, entre otros. Son estos, entonces, los novedosos medios que le garantizan al pueblo la participación y protagonismo en el ejercicio de su soberanía"*; *"Una democracia participativa y protagónica no puede construir una rígida y petrificada normativa constitucional"*; *"El protagonismo del pueblo en la conducción de su destino debe quedar explícitamente consagrado con especial énfasis en este punto de la reforma constitucional"*; y, *"En este contexto se debe entender que el ejercicio de la soberanía por parte del pueblo, lejos de afectar el proceso de refundación de la República y de lograr el objetivo de la profundización democrática, se convierte en herramienta indispensable del protagonismo popular, desterrando el sistema de cónclaves que decidían los destinos del país a espaldas de la sociedad"*.

tanto política como ciudadana. Todo un discurso imbuido de una tal retórica que ya en ese entonces hacía pensar con suspicacia: ¡ver para creer! En efecto, cuando un ordenamiento jurídico serio desea instaurar una nueva institución constitucional, suele simplemente consagrarla en una disposición, que luego es desarrollada por leyes y reglamentos, sin más.

Realmente este baluarte del autodenominado "Nuevo Constitucionalismo Latinoamericano" nos enfrenta, en su lectura, carente de brevedad y síntesis, más a un texto de prosa literaria, casi poético, que a un documento normativo de derecho. Hoy en día, a catorce años de "vigencia" (al menos formal), podemos apreciar con sarcasmo que asistimos a la vuelta de los contenidos pretendidamente sólo programáticos (bajo la funesta pero muy expandida en su momento interpretación parcializada de los asesores del régimen fascista del Duce Mussolini), alejándonos dentro de la ignorancia colectiva, de la idea libertaria de Constitución inmediatamente normativa (tan dignamente defendida en la España democrática postfranquista por juristas de la talla del maestro Eduardo García de Enterría), con el agravante de que el pueblo, aparentemente más soberano por su derecho humano a la participación ciudadana explícitamente reconocido, cada vez hipoteca más su día a día, a favor del poder público constituido, especialmente de su rama ejecutiva, sistemáticamente más y más personalista y autoritaria, o lo que es lo mismo, se termina por cimentar, siendo honestos en el análisis, un esquema irónicamente más (al menos ilusoriamente) *"representativo"*[5], en donde un inconstitucional "líder" "único", "visionario", "máximo", "supremo" y hasta "eterno" marca el destino de la sociedad, al mejor estilo del monarca absoluto francés Louis XIV (*"l´État c´est moi"*).

Ahora bien, una rápida revista de la Constitución nos pone en evidencia la previsión del derecho humano a la participación ciudadana, en diversos dispositivos, dentro de los cuales destaca el artículo 5, en el cual se hacen cohabitar, como no puede ser de otra

---

5   Eduardo García de Enterría. "La Democracia y el Lugar de la Ley" (p. 305): *"…el partido en el poder tendería a presentarse como el legítimo representante de la voluntad popular y a intentar beneficiarse de la posición soberana que a ésta corresponde en el sistema…esta interpretación vendría a reducir la democracia a un despotismo electivo…".* Y, (p. 306): *"…el proceso electoral no habilita poderes absolutos, que tenderían, según la experiencia histórica común, a cerrar el paso a los partidos competidores, sino sólo poderes de administrar y gestionar según la ley".*

forma, los sistemas democráticos representativo o indirecto y participativo o directo o semidirecto:

"La soberanía reside intransferiblemente en el pueblo, quien la ejerce directamente en la forma prevista en esta Constitución y en la ley, e indirectamente, mediante el sufragio, por los órganos que ejercen el Poder Público".

En ese ámbito se siguió entonces la línea establecida en la Convención Americana sobre Derechos Humanos, en cuyo artículo 23.1 se estatuye:

"Todos los ciudadanos deben gozar de los siguientes derechos y oportunidades: a) de participar en la dirección de los asuntos públicos, directamente o por medio de representantes libremente elegidos".

Pero también podemos ver el artículo 6, que consagra el carácter participativo del gobierno; los artículos 28 y 143, referidos al reconocimiento del derecho a la información (*habeas data*) y del derecho de acceso a los documentos administrativos, presupuesta garantía del derecho a la participación[6]; el artículo 51 descolla el derecho de petición y obtención de oportuna y adecuada respuesta; el artículo 52, que establece el derecho a asociarse con fines lícitos, herramienta fundamental de la participación ciudadana, y que no

---

[6] El derecho a la información se encuentra previsto en el artículo 13 de la Convención Americana sobre Derechos Humanos (http://www.oas.org/dil/esp /tratados_B-32_Convencion_Americana_sobre_Derechos_Humanos.htm): *"Toda persona tiene derecho a la libertad de pensamiento y de expresión. Este derecho comprende la libertad de buscar, recibir y difundir informaciones e ideas de toda índole, sin consideración de fronteras, ya sea oralmente, por escrito o en forma impresa o artística, o por cualquier otro procedimiento de su elección"*; evocado en el artículo IV de la Declaración Americana de los Derechos y Deberes del Hombre, y desarrollado en el principio 2 de la Declaración de Principios sobre la Libertad de Expresión de la Comisión Interamericana de Derechos Humanos: *"[t]oda persona tiene el derecho a buscar, recibir y difundir información y opiniones libremente en los términos que estipula el artículo 13 de la Convención Americana sobre Derechos Humanos...[t]odas las personas deben contar con igualdad de oportunidades para recibir, buscar e impartir información (...)"*. (http://www.cidh.oas. org/basicos/basicos13.htm).

Y la Corte Interamericana de Derechos Humanos ha establecido que: *"el derecho a la libertad de pensamiento y de expresión comprende no sólo el derecho y la libertad de expresar su propio pensamiento, sino también el derecho y la libertad de buscar, recibir y difundir informaciones e ideas de toda índole"* (párrafo 76). (http://www.corteidh.or.cr/docs/casos/articulos/seriec_151_esp.pdf).

puede verse separado del artículo 118, que obliga al Estado a promover y proteger las asociaciones solidarias, corporaciones y cooperativas, en todas sus formas, incluyendo las de carácter financiero, las cajas de ahorro, microempresas, empresas comunitarias y demás formas asociativas destinadas a mejorar la economía popular; y, varias normas que prevén la participación ciudadana en los programas de prevención, seguridad ciudadana y administración de emergencias (artículo 55); la participación de las familias y la sociedad para la inserción productiva de la juventud (artículo 79); la participación de las familias y la sociedad en cuanto a la protección de los derechos de los ancianos y ancianas (artículo 80); la participación de las familias y la sociedad para el goce de los derechos de las personas con discapacidad o necesidades especiales (artículo 81); la participación para la promoción y defensa de la salud (artículo 83); un sistema de seguridad social participativo (artículo 86); el derecho a la cultura, que incluye el derecho a la participación en el patrimonio cultural (artículo 99); la participación de las familias y la sociedad para promover la educación dentro de una sociedad democrática basada en la participación activa (artículo 102); la participación de los pueblos indígenas para la demarcación de sus tierras (artículo 119); la consulta de los pueblos indígenas para la explotación de los recursos naturales en sus tierras (artículo 120); la participación de la sociedad para la protección del ambiente (artículo 127); la consulta y participación ciudadana en la política de ordenación del territorio (artículo 128); el deber de participar solidariamente en la vida política, civil y comunitaria del país, promoviendo y defendiendo los derechos humanos como fundamento de la convivencia democrática y de la paz social (artículo 132); una Administración Pública al servicio de los ciudadanos y ciudadanas, fundamentada en el principio de participación (artículo 141); y, una planificación estratégica de la economía, democrática participativa y de consulta abierta (artículo 299).

Finalmente, mención aparte ameritan los siguientes dispositivos constitucionales:

Artículo 62: *"Todos los ciudadanos y ciudadanas tienen el derecho de participar libremente en los asuntos públicos, directamente o por medio de sus representantes elegidos o elegidas.*

La participación del pueblo en la formación, ejecución y control de la gestión pública es el medio necesario para lograr el protagonismo que garantice su completo desarrollo, tanto individual como colectivo.

Es obligación del Estado y deber de la sociedad facilitar la generación de las condiciones más favorables para su práctica". Y,

Artículo 70: *"Son medios de participación y protagonismo del pueblo en ejercicio de su soberanía, en lo político: la elección de cargos públicos, el referendo, la consulta popular, la revocatoria del mandato, la iniciativa legislativa, constitucional y constituyente, el cabildo abierto y la asamblea de ciudadanos y ciudadanas cuyas decisiones serán de carácter vinculante, entre otros; y en lo social y económico, las instancias de atención ciudadana, la autogestión, la cogestión, las cooperativas en todas sus formas incluyendo las de carácter financiero, las cajas de ahorro, la empresa comunitaria y demás formas asociativas guiadas por los valores de la mutua cooperación y la solidaridad.*

La ley establecerá las condiciones para el efectivo funcionamiento de los medios de participación previstos en este artículo".

Sin olvidar los artículos 71 a 74, que regulan el referéndum consultivo, el referéndum revocatorio, el referéndum aprobatorio y el referéndum abrogatorio.

Pero el constituyente fue más lejos y concibió la participación, bajo la idea de solidaridad (fraternidad diría el revolucionario francés del Siglo XVIII), al disponer en el artículo 132 un trascendental deber:

"Toda persona tiene el deber de cumplir sus responsabilidades sociales y participar solidariamente en la vida política, civil y comunitaria del país, promoviendo y defendiendo los derechos humanos como fundamento de la convivencia democrática y de la paz social".

2. *Problema*

Durante el Siglo XVIII se fueron gestando en el mundo, sobre todo en lo que hoy por hoy suele llamarse el hemisferio occidental, o simplemente el Occidente, básicamente entonces en la vieja Europa y en sus colonias inglesas y francesas del norte de las Américas, y subsecuentemente también en sus colonias españolas y portuguesas del sur de las Américas, una serie de ideas paradigmáticas, en abierto contraste con lo que había caracterizado al oscurantismo medieval y su expresión feudal, particularmente en lo que concierne al ser humano, visto sólo como súbdito o vasallo, vale decir como mero objeto del poder.

Así, frente a esa visión de oscuridad en la que reinaban instituciones deplorables como la de la *"Santa" Inquisición*, e imperaban criterios religiosos dogmáticos, frente a los cuales las personas comunes nada podían hacer ni menos cuestionar, estando llamadas solamente a la dócil aceptación por ser ello la pretendida "voluntad divina" y "cuestión de fe", los pensadores iban en pos de la luz, dando su proceder intelectual origen a lo que entonces se dio a conocer como el Iluminismo, con base en el racionalismo de René Descartes, el método científico de Isaac Newton y el empirismo de John Locke, que ya venían pujando desde el Siglo XVII, y la concepción iusnaturalista de la igualdad, una igualdad que podemos calificar de ontológica, por ser connatural al ser humano[7].

Es pues el Siglo XVIII el siglo de las luces, esplendor de la corriente filosófica de la Ilustración, siendo que el pensamiento ilustrado, fundado en la revalorización del ser humano como individuo y en su capacidad de obtener un régimen político libertario con fundamento en la razón, es cuanto regía en las mentes de los fundadores de nuestra república venezolana.

En definitiva, es el liberalismo político y filosófico el material con el cual se esculpió nuestra república inicial, fácilmente observable ello de la consagración de las ideas de Estado de Derecho, de separación de poderes, de igualdad ante la ley, de reconocimiento de los derechos humanos, de democracia y de soberanía popular. No obstante, todo ello subsumido en la revolucionaria por libertaria idea, para la época, del Estado Legal de Derecho, tan propugnado y promovido por el iuspositivismo decimonónico y por el iuspositivismo kelseniano.

Y precisamente cuando nos cuestionamos acerca de la estrecha vinculación entre esas tres últimas ideas, primero de reconocimiento de los derechos humanos, con todo su contenido valorativo universal, segundo de democracia, claro que de democracia sustancial y no simplemente procedimental, y tercero de soberanía popular,

---

7   Rodolfo Vigo. "Derecho y Moral en el Estado de Derecho Constitucional (Proyecciones Teóricas: Iuspositivismo, Neoconstitucionalismo y Realismo Jurídico Clásico)" (p. 75): *"Reconocer que cada miembro de la especie humana es persona no se limita a un mero reconocimiento, sino que tiene significativas consecuencias en relación con el respeto que ella merece y los derechos que le asisten"*.

Robert Spaemann. "Sobre el Concepto de una Naturaleza del Hombre": *"Cada persona no es "algo" sino "alguien" al margen de los bienes externos que posea, de su inteligencia, salud o de lo que haya resultado como fruto del ejercicio de la libertad"*.

pero no limitada a la voluntad popular sólo hacedora de la ley, es cuando aparece entonces, bajo un criterio indispensable de interdependencia conceptual, la figura del derecho humano a la democracia, del derecho humano a un gobierno surgido de la voluntad popular universal, del derecho humano a incidir directamente en la acción de ese gobierno no sólo surgido sino también delineado, controlado y hasta determinado en su ejercicio por esa voluntad popular en su actuación ciudadana cotidiana, en suma, del derecho humano a la participación ciudadana, consecuencia necesaria del principio democrático, en un Estado Social y Democrático de Derecho. En este orden de ideas, siguiendo el neoconstitucionalismo, con sus variantes, de Robert Alexy, de Luigi Ferrajoli y de Ronald Dworkin, asistimos a un cambio de paradigma, que deja tras de sí al libertario Estado Legal de Derecho, para dar paso al democratizador Estado Constitucional de Derecho, y con ello a la función interpretativo valorativa constitucionalizante de la jurisprudencia de los modernos Tribunales Constitucionales, como los de Alemania y España, y la de los Tribunales Supranacionales de Derechos Humanos, como el Tribunal Europeo de Derechosa Humanos y la Corte Interamericana de Derechos Humanos.

Este derecho humano a la participación ciudadana valga la redundancia, es un derecho humano, razón por la cual, siguiendo la Constitución venezolana, su preeminencia dentro del conjunto de todos los derechos humanos, ha de ser un valor superior de su ordenamiento jurídico y de su actuación estatal, resultando la garantía de su cumplimiento un fin del Estado, a tenor de sus artículos 2 y 3:

"Venezuela se constituye en un Estado democrático y social de Derecho y de Justicia, que propugna como valores superiores de su ordenamiento jurídico y de su actuación, la vida, la libertad, la justicia, la igualdad, la solidaridad, la democracia, la responsabilidad social y en general, la preeminencia de los derechos humanos, la ética y el pluralismo político". Y,

"El Estado tiene como fines esenciales la defensa y el desarrollo de la persona y el respeto a su dignidad, el ejercicio democrático de la voluntad popular, la construcción de una sociedad justa y amante de la paz, la promoción de la prosperidad y bienestar del pueblo y la garantía del cumplimiento de los principios, derechos y deberes consagrados en esta Constitución".

Es este derecho humano a la participación ciudadana, además, como hemos visto, un derecho constitucional, por lo que su respeto se halla protegido por el principio de supremacía constitucional, que ha de subordinar toda actuación estatal, conforme a los artículos 7 y 19:

"La Constitución es la norma suprema y el fundamento del ordenamiento jurídico. Todas las personas y los órganos que ejercen el Poder Público están sujetos a esta Constitución". Y,

"El Estado garantizará a toda persona, conforme al principio de progresividad y sin discriminación alguna, el goce y ejercicio irrenunciable, indivisible e interdependiente de los derechos humanos. Su respeto y garantía son obligatorios para los órganos del Poder Público de conformidad con la Constitución, los tratados sobre derechos humanos suscritos y ratificados por la República y las leyes que los desarrollen".

En consecuencia, todo acto dictado en ejercicio del Poder Público que lo viole o menoscabe es nulo, y los funcionarios públicos y funcionarias públicas que lo ordenen o ejecuten incurren en responsabilidad penal, civil y administrativa (artículo 25), debiendo el Estado indemnizar integralmente a las víctimas de su violación, incluyendo el pago de daños y perjuicios (artículo 30).

Desde otra perspectiva, tratándose entonces la participación ciudadana de un derecho humano, su regulación normativa, tras la previsión constitucional, es de la reserva legal, es decir que, como garantía libertaria propia de un Estado Democrático y Constitucional de Derecho, y con arreglo al principio democrático, asistimos a una temática que, como dogma libertario fundamental, solamente puede ser normada por medio del acto jurídico conocido como ley formal, dictado únicamente por el Poder Legislativo, integrado por la representación popular[8], portavoz de la voluntad general universal. Se asiste, pues, a una verdadera "Reserva de Parlamento". Por ello, como mostramos, el artículo 70 dispone que:

---

8   Luigi Ferrajoli, "Sobre los Derechos Fundamentales" (internet): *"Gracias a la rigidez de las constituciones la legalidad ha cambiado su naturaleza: no es más sólo condicionante y reguladora, sino que está ella misma condicionada y regulada por vínculos jurídicos no solamente formales sino también sustanciales; no es más simplemente un producto del legislador, sino que es también proyección jurídica de la legislación misma, y por tanto límite y vínculo al legislador y por ello a las mayorías contingentes de las que es expresión"*.

Empero, encontramos que la Constitución venezolana en una búsqueda de mayor protección de los derechos humanos, en aras del máximo de legitimidad popular posible, en su artículo 203 exige que esa ley formal debe tratarse de una ley orgánica, lo cual requiere que el proyecto sea previamente admitido por la Asamblea Nacional, por el voto de las dos terceras partes de sus miembros presentes antes de iniciarse la discusión, siendo esa votación calificada aplicable también para la modificación de la ley orgánica, y que la calificación de ley orgánica acordada por la Asamblea Nacional sea remitida, antes de la promulgación, a la Sala Constitucional del Tribunal Supremo de Justicia, para que se pronuncie acerca de la constitucionalidad de su propuesto carácter orgánico.

Ahora bien, para que un derecho humano sea respetado, fomentado, protegido y adecuadamente regulado por el poder público, no basta con que éste haya dictado las disposiciones de desarrollo a través de una ley formal emanada del Poder Legislativo, ni siquiera por intermedio de una ley orgánica con los extremos formales de la Constitución venezolana, toda vez que, en cuanto al fondo del asunto, es menester indefectiblemente que no se comprometa el contenido esencial o núcleo duro del derecho humano respectivo. Esto es una evidente manifestación concreta de la idea neoconstitucionalista de Estado Constitucional de Derecho.

De ser el caso, estaríamos en presencia de una indebida limitación o restricción del derecho humano, es decir, de una inconstitucionalidad, de ese modo ilícita e inaceptablemente afectado, estando el Tribunal Constitucional llamado teleológicamente a poner reparo, a través de las acciones jurisdiccionales que correspondan.

3. *Objeto*

Patente resulta que, desde un punto de vista meramente cronológico, la labor constituyente originaria venezolana, desplegada con la concepción y aprobación de la Constitución de 1811, es inmediatamente posterior, iniciándose el Siglo XIX, a los dos hechos cruciales de finales del Siglo XVIII, la Independencia Norteamericana y la Revolución Francesa, con sus mencionados productos constitucionales, todo imbuido de las ideas ilustradas aludidas, representadas esencialmente por Voltaire (François Marie Arouet), Montesquieu (Charles Louis de Secondat, Señor de la Brède y Barón de Montesquieu) y Jean-Jacques Rousseau.

Ahora bien, ¿es también ello así desde la perspectiva filosófica?

Por otro lado, emprendiendo el análisis de los actos jurídicos a través de los cuales se pretende en la Venezuela de hoy, desde hace unos años hacia acá, regular o desarrollar el derecho humano a la participación ciudadana, dentro de lo que se ha venido en llamar, sin previsión constitucional alguna, en la jerga populista de los líderes políticos de turno, el *poder popular*, salta a la vista que los mismos reúnen la exigencia de consistir en actos con rango y fuerza de ley.

No obstante, desde la perspectiva de la reserva legal, algunos no son leyes formales, por tratarse de decretos con rango, valor y fuerza de ley emanados del Poder Ejecutivo, mediando leyes habilitantes; otros son leyes formales sin carácter orgánico; y, otros teniendo carácter orgánico (y junto a los demás), cabría preguntarse si respetan el contenido esencial del derecho humano cuya regulación se pretende, que no es otro que el derecho humano a la participación ciudadana.

En su conjunto, se trata de los siguientes textos legales:

- Ley de los Consejos Comunales.
- Ley Orgánica de los Consejos Comunales.
- Ley Orgánica del Poder Popular.
- Ley Orgánica de Planificación Pública y Popular.
- Ley Orgánica de las Comunas.
- Ley Orgánica del Sistema Económico Comunal.
- Ley Orgánica de Contraloría Social. Y,
- Decreto con Rango, Valor y Fuerza de Ley Orgánica para la Gestión Comunitaria de Competencias, Servicios y Otras Atribuciones.

Y la cuestión es: ¿Este conjunto normativo desarrolla lícita y constitucionalmente o más bien limita o restringe indebidamente el contenido esencial o núcleo duro de este derecho humano?

4. *Objetivo*

La presente investigación, con soporte documental en cierta doctrina ilustrada y contemporánea, sobre todo neoconstitucionalista, y en los textos de las constituciones americana y francesas indicadas y sus declaraciones principistas, y de la Constitución venezolana, la Declaración de Independencia y la Declaración de los Derechos del Pueblo, todo de 1811, persigue demostrar argumentativamente que el constitucionalismo venezolano surgió inspirado en las ideas liberales del iluminismo europeo que pone fin a la Edad Moderna y da nacimiento a la Edad Contemporánea, especialmente en cuanto toca al principio de soberanía popular, como base fundamental del derecho humano a la participación ciudadana.

De esta forma, no obstante, la efímera vigencia que tuvo la Constitución venezolana de 1811 (en virtud de la guerra), es lo cierto que ella fue receptáculo decisivo de esas corrientes filosóficas, reproducidas sucesivamente en los textos constitucionales siguientes.

Asimismo, en una segunda etapa esta investigación, con apego doctrinal y jurisprudencial de corte neoconstitucionalista, y basamento en los textos normativos que pretenden desarrollar el mandato constitucional de 1999 de instaurar una democracia participativa en Venezuela, nos proponemos demostrar argumentativamente que el supuesto fomento o promoción del derecho humano a la participación ciudadana, por medio del dictado de normativas al respecto, se traduce en realidad en una limitación o restricción indebida del mismo, al afectar su contenido esencial, burlando entonces el principio democrático y el principio de soberanía popular.

5. *Justificación*

Resulta obvio, siendo el autor de la presente investigación un abogado especializado en Derecho Constitucional y en Derechos Humanos, que aparte de su práctica profesional vinculada al tema, como defensor de derechos humanos, desarrolla actividad académica al respecto, como profesor universitario en la Universidad Central de Venezuela, que surja interés y gran motivación en dejar claramente establecida la afiliación originaria de Venezuela, en su labor constituyente, a uno de los postulados centrales del liberalismo político y filosófico, propio del racionalismo igualitarista del Siglo XVIII, cual es el de la soberanía popular, en la legítima pretensión de establecer un sistema político republicano y democrático, con la particularidad de que el rol del ser humano, como ciudadano, si bien se concibe un sus primeros pasos como mero delegante del poder en un esquema representativo, no excluye la necesaria evolución neoconstitucionalista hacia un funcionamiento cada vez más participativo, ello atendiendo esencialmente al principio de progresividad aplicable al derecho a la democracia.

Y, consecuencialmente, denunciar que las así denominadas leyes del *"poder popular"*, en Venezuela, lejos de implicar el desarrollo apropiado del derecho humano a la participación ciudadana, en realidad contribuyen solapadamente a limitar o restringir indebidamente su contenido esencial, precisamente mediando una manipulación ideológica por parte de las fuerzas políticas que hoy en día controlan el poder constituido, en detrimento del mandato constitucional de soberanía popular, con lesión al principio de progresividad aplicable al derecho a la democracia.

PRIMERA PARTE:

DE LA SOBERANÍA POPULAR A LA PARTICIPACIÓN CIUDADANA

CAPÍTULO I:
EL ORIGEN DE LA SOBERANÍA POPULAR EN EL CONSTITUCIONALISMO MODERNO

Sección Primera: La Declaración de Derechos del Buen Pueblo de Virginia, la Declaración de Independencia y la Constitución de los Estados Unidos de América.

La Convención de Delegados de Virginia, en el marco constituyente primigenio, redactó y aprobó la Declaración de Derechos del Buen Pueblo de Virginia, del 12 de junio de 1776, documento clave que implicó un claro llamado a todas las colonias británicas de Norteamérica (a lo que solamente respondieron trece de ellas) a independizarse de la Corona Inglesa, sobre la base de principios claramente ilustrados y liberales.

Lo anterior, y concretamente en cuanto tiene que ver con la idea de soberanía popular, se evidencia de su simple lectura, desde la confesión de sus redactores, autoproclamados como *"representantes del buen Pueblo de Virginia, reunidos en la Convención plena y libre, como derecho que les pertenece a ellos y a su posteridad como la base y el fundamento de su gobierno"*, hasta el contenido de sus principios, entre los cuales nos destacan como pertinentes a nuestro cometido los siguientes:

*"**PRIMERO.** Que todos los hombres son por naturaleza igualmente libres e independientes, y tienen ciertos derechos inherentes, de los cuales, cuando entran en un estado de sociedad, no pueden ser privados o postergados; en esencia, el gozo de la vida y la libertad, junto a los medios de adquirir y poseer propiedades, y la búsqueda y obtención de la felicidad y la seguridad.*

SEGUNDO. Que todo poder reside en el pueblo, y, en consecuencia, deriva de él; que los magistrados son sus administradores v sirvientes, en todo momento responsables ante el pueblo.

TERCERO. Que el gobierno es, o debiera ser, instituido para el bien común, la protección y seguridad del pueblo, nación o comunidad; de todos los modos y formas de gobierno, el mejor es el capaz de producir el máximo grado de felicidad y seguridad, y es el más eficazmente protegido contra el peligro de la mala administración; y que cuando cualquier gobierno sea considerado inadecuado, o contrario a estos propósitos, una mayoría de la comunidad tiene el derecho indudable, inalienable e irrevocable de reformarlo, alterarlo o abolirlo, de la manera que más satisfaga el bien común...

QUINTO. Que los poderes legislativo y ejecutivo del estado deben ser separados y distintos del judicial; que a los miembros de los dos primeros les sea evitado el ejercicio de la opresión a base de hacerles sentir las cargas del pueblo v de hacerles participar en ellas; para ello debieran, en períodos fijados, ser reducidos a un estado civil, devueltos a ese cuerpo del que originalmente fueron sacados; y que las vacantes se cubran por medio de elecciones frecuentes, fijas y periódicas, en las cuales, todos, o cualquier parte de los exmiembros, sean de vuelta elegibles, o inelegibles, según dicten las leyes. Y,

SEXTO. Que las elecciones de los miembros que servirán como representantes del pueblo en asamblea, deben ser libres; que todos los hombres que tengan suficiente evidencia de un permanente interés común y vinculación con la comunidad, tengan derecho al sufragio, y no se les puede imponer cargas fiscales a sus propiedades ni desposeerles de esas propiedades, para destinarlas a uso público, sin su propio consentimiento, o el de sus representantes así elegidos, ni estar obligados por ninguna ley que ellos, de la misma manera, no hayan aprobado en aras del bien común"[1].

Días después, el Congreso de los Estados Unidos de América adoptó la Declaración de Independencia del 4 de julio de 1776[2], redactada por Thomas Jefferson, unos de sus cuatro padres fundadores, en la que se justifica la separación del imperio británico de ma-

---

[1]   http://www.tendencias21.net/derecho/Declaracion-de-Derechos-de-Virginia-de-12-de-junio-1776_a107.html

[2]   http://hmc.uchbud.es/Materiales/DeclaraUSA.pdf

nera pormenorizada, siendo característico del pensar ilustrado su fundamento en el iusnaturalismo y el principio de soberanía popular, especialmente dirigido hacia la promoción del principio de autodeterminación de los pueblos.

Obviamente, semejantes fundamentos no podían sino estar presentes en la Constitución de los Estados Unidos de América, del 17 de septiembre de 1787[3], primera constitución del mundo establecedora de una república democrática liberal. Así, mientras que no encontramos en el texto del articulado ninguna norma explícita declarativa de que la soberanía reside en el pueblo o en la nación, es lo cierto que el preámbulo no deja duda acerca de la entidad del actor constituyente, titular de la soberanía, al observarse en su texto la conocida y elocuente expresión: *"We, the People"*:

"NOSOTROS, el Pueblo de los Estados Unidos, a fin de formar una Unión más perfecta, establecer Justicia, asegurar la tranquilidad interior, proveer para la defensa común, promover el bienestar general y asegurar para nosotros y para nuestra prosperidad los beneficios de la Libertad, establecemos y sancionamos esta Constitución para los Estados Unidos de América".

Ello, sin perjuicio de las regulaciones específicas de los procesos de elección popular para los cargos de congresantes (senadores y diputados) al Poder Legislativo, y de Presidente y Vicepresidente de los Estados Unidos, en el seno del Poder Ejecutivo, en el contenido de su articulado.

La vinculación de la Constitución americana a uno de los principios centrales del liberalismo iluminista, como lo es el principio de soberanía popular, aparece así de suyo evidente. En este sentido, el iuspublicista venezolano Allan Randolph Brewer-Carías[4] afirma:

"El segundo de los principios desarrollados en la práctica constitucional y política del mundo moderno, influido también por el constitucionalismo norteamericano, es el de la democracia y el republicanismo basado en el concepto de soberanía del pueblo. Con la revolu-

---

3   http://www.hacer.org/pdf/Constitucion.pdf

4   Allan Randolph Brewer-Carías, *Reflexiones sobre la Revolución Americana (1776) y la Revolución Francesa (1789) y sus Aportes al Constitucionalismo Moderno* (p. 90).

ción norteamericana, el principio tradicional de legitimidad monárquica del Estado fue sustituido definitivamente. La soberanía no correspondió más a un monarca, sino al pueblo".

El mismo profesor Allan Randolph Brewer-Carías (en páginas siguientes), en esta idéntica perspectiva, comenta la obra de Alexis De Tocqueville, "La Democracia en América", en donde no solamente se parte de la idea según la cual todo el sistema político norteamericano reposa sobre el dogma de la soberanía popular, sino que se hacen afirmaciones contundentes tales como: "cada individuo constituye una parte igual de esa soberanía y participa igualmente en el gobierno del Estado", y "En Norteamérica el pueblo nombra a quien hace la ley y a quien la ejecuta...No solamente las instituciones son democráticas en principio, sino también en su desarrollo. Así, el pueblo nombra directamente a sus representantes y los escoge cada año, a fin de tenerlos completamente bajo su dependencia. Es, pues, realmente el pueblo quien dirige y, aunque la forma de gobierno sea representativa, es evidente que las opiniones, los prejuicios, los intereses, y aún las pasiones del pueblo no pueden encontrar obstáculos durables que le impidan producirse en la dirección cotidiana de la sociedad".

Y, finalmente, es remarcable que, no obstante la explícita regulación de carácter representativo que encontramos en la Constitución norteamericana, no solamente no existen prohibiciones normativas en cuanto al desarrollo de experiencias de corte participativo, sino que el propio Alexis De Tocqueville en su citada obra le reserva mención especial a los mecanismos de descentralización y a las experiencias institucionales comunales y municipales, presentes en la historia política norteamericana, incluso antes de la independencia, que fomentan la libertad mientras moderan lo que el autor califica y hoy en día mucho se habla, de tiranía o despotismo de la mayoría.

Sección Segunda: La Declaración de los Derechos del Hombre y del Ciudadano y las Constituciones de Francia de 1791 y de 1793.

La Declaración de los Derechos del Hombre y del Ciudadano, votada el 26 de agosto de 1789 por la Asamblea Nacional Constituyente sucesora de la Asamblea Nacional en que se autoproclamó el Tercer Estado (*"Tiers état"*), tras la convocatoria a los ancianos y casi olvidados Estados Generales medievales, aparece de suyo como uno de los documentos principistas más importantes, contentivo de los postulados filosóficos del liberalismo iluminista. Así, los mandatarios de quienes no eran o no habían sido privilegiados, en el clero y la nobleza, asumen por derecho natural con base en la igualdad, la representación de la voluntad general, de esa soberanía titularizada ahora por la Nación[5].

Ante todo, su preámbulo esboza claramente su entidad de origen popular, al expresar:

"Los representantes del pueblo francés, constituidos en Asamblea nacional, considerando que la ignorancia, el olvido o el menosprecio de los derechos del hombre son las únicas causas de las calamidades públicas y de la corrupción de los gobiernos, han resuelto exponer, en una declaración solemne, los derechos naturales, inalienables y sagrados del hombre, a fin de que esta declaración, constantemente presente para todos los miembros del cuerpo social, les recuerde sin cesar sus derechos y sus deberes; a fin de que los actos del poder legislativo y del poder ejecutivo, al poder cotejarse a cada instante con la finalidad de toda institución política, sean más respetados y para que las reclamaciones de los ciudadanos, en adelante fundadas en principios simples e indiscutibles, redunden siempre en beneficio del mantenimiento de la Constitución y de la felicidad de todos".

Posteriormente, resultan de sumo interés sus artículos siguientes:

Artículo 1: *"Los hombres nacen y permanecen libres e iguales en derechos. Las distinciones sociales sólo pueden fundarse en la utilidad común"*.

Artículo 2: *"La finalidad de toda asociación política es la conservación de los derechos naturales e imprescriptibles del hombre. Tales derechos son la libertad, la propiedad, la seguridad y la resistencia a la opresión"*.

Artículo 3: *"El principio de toda soberanía reside esencialmente en la Nación. Ningún cuerpo, ningún individuo, pueden ejercer una autoridad que no emane expresamente de ella"*. Y,

---

[5]   Emmanuel Joseph Sieyès, "Qu'est-ce que le Tiers état?" (internet).

Artículo 6: "*La ley es la expresión de la voluntad general. Todos los ciudadanos tienen derecho a contribuir a su elaboración, personalmente o por medio de sus representantes. Debe ser la misma para todos, ya sea que proteja o que sancione. Como todos los ciudadanos son iguales ante ella, todos son igualmente admisibles en toda dignidad, cargo o empleo públicos, según sus capacidades y sin otra distinción que la de sus virtudes y sus talentos*"[6].

Dentro de estos trascendentales artículos aparece a nuestros efectos con meridiana claridad el tercero, al consagrar el principio de la soberanía popular, imbuido claro está dentro de las ideas de igualdad y derechos humanos propias del racionalismo iusnaturalista.

Este espíritu evidentemente democrático, que por cierto habla de la representatividad sin excluir, sino más bien mencionando como una opción, la actuación directa ciudadana, envolvió la labor constituyente francesa, desde la concepción de la Constitución del 3 de septiembre de 1791[7], la primera, que instauró una monarquía parlamentaria, y alcanzando también a la Constitución del 24 de junio de 1793[8], creadora de la primera república.

Así, ante todo en el preámbulo de la Constitución de 1791 se puede apreciar la actuación popular en asamblea, con la firme intención de dejar muy bien establecida la igualdad de todos entre sí:

"*La Asamblea Nacional, queriendo establecer la Constitución francesa sobre los principios que ella ha reconocido y declarado, abole irrevocablemente las instituciones que hieren la libertad y la igualdad de los derechos. Ya no hay nobleza, ni procerato (pairie), ni distinciones hereditarias, ni distinciones de órdenes, ni régimen feudal, ni justicias patrimoniales, ni ninguno de los títulos, denominaciones y prerrogativas que de aquéllas derivaban, ni ningún orden de caballería, ni ninguna de las corporaciones o condecoraciones, en las que se exigían pruebas de nobleza, o suponían distinciones de nacimiento, ni ninguna otra superioridad, más que la de los funcionarios públicos en el ejercicio de sus funciones. Ya no hay venalidad, ni herencia de nin-*

---

[6]   http://juridicas.unam.mx/publica/librev/rev/derhum/cont/30/pr/pr23.pdf

[7]   http://www.historiaconstitucional.com/index.php/historiaconstitucional/article/view/115/99

[8]   http://www.diputados.gob.mx/biblioteca/bibdig/const_mex/const_fra.pdf

gún oficio público. Ya no hay, para ninguna parte de la Nación, ni para ningún individuo, privilegio o excepción alguna al derecho común de todos los franceses. Ya no hay cofradías, ni corporaciones de profesiones, artes y oficios. La ley ya no reconocerá ni votos religiosos, ni ningún otro compromiso que sea contrario a los derechos naturales o a la Constitución".*

Y luego, en el Título III: Los Poderes Públicos, están consagrados el principio de soberanía popular y el carácter representativo del nuevo régimen democrático, en sus artículos:

Primero: "La Soberanía es una, indivisible, inalienable e imprescriptible. Pertenece a la Nación; ninguna sección del pueblo ni ningún individuo puede atribuirse su ejercicio". Y,

2: "La Nación, de la que emanan todos los Poderes, no puede ejercerlos más que por delegación. La Constitución francesa es representativa: los representantes son el Cuerpo legislativo y el Rey".

Por otra parte, por lo que respecta a la Constitución republicana de 1793, encontramos que a modo de preámbulo se contiene una Declaración de Derechos del Hombre, de la autoría del "pueblo francés", donde se establece en sus artículos:

25: "La soberanía reside en el pueblo: es una, indivisible, imprescriptible e inalienable".

26: "Ninguna porción del pueblo puede ejercer el poder del pueblo entero; pero reunida cada sección del soberano debe gozar del derecho de expresar su voluntad libremente".

27: "Que los hombres libres condenen a muerte sin dilación a cualquier individuo que usurpe la soberanía".

28: "Un pueblo siempre tiene el derecho de revisar, reformar y cambiar su constitución. No puede una generación sujetar a sus leyes a las generaciones futuras". Y,

29: "Todos los ciudadanos tienen el mismo derecho para concurrir a la formación de la ley y al nombramiento de sus mandatarios o de sus agentes".

Seguidamente, su artículo 2 dispone que:

"*El pueblo francés queda distribuido para el ejercicio de su soberanía en asambleas primarias de cantones*".

Para que luego una serie de normas dedicadas a regular la soberanía popular, expresen en sus artículos:

7: "*El pueblo soberano es la universalidad de los ciudadanos franceses*".

8: "*Nombra directamente a sus diputados*".

9: "*Delega a electores la elección de administradores, árbitros públicos, jueces de lo criminal y de casación*". Y,

10: "*Delibera acerca de las leyes*".

CAPÍTULO II:
EL ORIGEN DE LA SOBERANÍA POPULAR EN EL CONSTITUCIONALISMO VENEZOLANO

Sección Primera: La Declaración de los Derechos del Pueblo, la Declaración de Independencia y las Constituciones de Venezuela de 1811 y de 1819.

De manera muy similar a lo que fue el proceso independentista norteamericano, en cuanto a sus soportes documentales y contenidos filosóficos, Venezuela contó con una declaración de derechos humanos, conocida como Declaración de los Derechos del Pueblo[9], que fue adoptada el 1 de julio de 1811 por los representantes del pueblo, reunidos en Congreso, cuyo preámbulo dice:

"El Supremo Congreso de Venezuela en su sesión legislativa, establecida para la provincia de Caracas, ha creído que el olvido y desprecio de los Derechos del Pueblo, ha sido hasta ahora la causa de los males que ha sufrido por tres siglos: y queriendo empezar a precaverlos radicalmente, ha resuelto, conformándose con la voluntad general, declarar, como declara solemnemente ante el universo, todos estos mismos Derechos inajenables, a fin de que todos los ciudadanos puedan comparar continuamente los actos del Gobierno con los fines de la institución social: que el magistrado no pierda jamás de vista la norma de su conducta y el legislador no confunda, en ningún caso, el objeto de su misión".

Luego, su artículo 3 estatuye que:

---

9   http://biblio.juridicas.unam.mx/libros/4/1840/8.pdf

"La ley se forma por la expresión libre y solemne de la voluntad general, y ésta se expresa por los apoderados que el pueblo elige para que representen sus derechos".

Mientras que la delimitación de la idea de soberanía, siempre de carácter popular, es dejada como sigue a los artículos:

7: "Todos los ciudadanos no pueden tener igual parte en la formación de la ley; porque todos no contribuyen igualmente a la conservación del Estado, seguridad y tranquilidad de la sociedad".

8: "Los ciudadanos se dividirán en dos clases: unos con derecho a sufragio, otros sin él". Y,

9: "Los sufragantes son los que están establecidos en Venezuela, sean de la nación que fueren: éstos solos forman el soberano".

A continuación, el 5 de julio de 1811, los representantes del pueblo en el Congreso de Venezuela adoptaron el Acta de la Declaración de Independencia[10], separando al naciente país de la Corona Española, en cuyo texto se concluye, con anclaje en las ideas ilustradas:

"Por tanto, creyendo con todas estas razones satisfecho el respeto que debemos a las opiniones del género humano y a la dignidad de las demás naciones, en cuyo número vamos a entrar, y con cuya comunicación y amistad contamos, nosotros, los representantes de las Provincias Unidas de Venezuela, poniendo por testigo al Ser Supremo de la justicia de nuestro proceder y de la rectitud de nuestras intenciones, implorando sus divinos y celestiales auxilios, y ratificándole, en el momento en que nacemos a la dignidad, que su providencia nos restituye el deseo de vivir y morir libres, creyendo y defendiendo la santa, católica y apostólica religión de Jesucristo. Nosotros, pues, a nombre y con la voluntad y autoridad que tenemos del virtuoso pueblo de Venezuela, declaramos solemnemente al mundo que sus Provincias Unidas son, y deben ser desde hoy, de hecho y de derecho, Estados libres, soberanos e independientes y que están absueltos de toda sumisión y dependencia de la Corona de España o de los que se dicen o dijeren sus apoderados o representantes, y que como tal Estado libre e

---

10   http://www.ucv.ve/fileadmin/user_upload/BicentenarioUCV/Documentos/Acta_de_la_independencia_de_Venezuela_de_1811-1_1_.pdf

*independiente tiene un pleno poder para darse la forma de gobierno
que sea conforme a la voluntad general de sus pueblos, declarar la
guerra, hacer la paz, formar alianzas, arreglar tratados de comercio,
límite y navegación, hacer y ejecutar todos los demás actos que hacen
y ejecutan las naciones libres e independientes"*[11].

Ahora bien, comoquiera que este susodicho Congreso de Venezuela, que en 1811 emite esa Declaración de Derechos del Pueblo y además declara la independencia del país, provenía en su origen de la convocatoria hecha mediante Decreto de la Junta Suprema del 11 de julio de 1810, a fin de elegir a los miembros del cuerpo conservador de los derechos del Rey Fernando VII (de corte absolutista) en la Provincia de Venezuela (Capitanía General de Venezuela), desde ese entonces se puso en duda su legitimidad para ir más allá de ello y de ese modo declarar la independencia. Siguiendo al Profesor Tomás Polanco Alcántara[12], el Padre Maya fue el vocero principal de semejante cuestionamiento fundado en la incompetencia de la entidad, frente a lo cual se produjeron respuestas de diversa naturaleza, dentro de las cuales conviene poner de manifiesto la argumentación de Juan Germán Roscio, que pudiéramos tildar de exegética o de positivista, al replicar que el numeral 9 del capítulo 3 del Decreto citado confió al Congreso convocado la facultad para modificar o reformar su objeto; y, la del diputado Maya, de San Felipe, quien partiendo del pensar que los diputados están en plena libertad de procurar el bien y la prosperidad de sus representados, no hizo más que echar las bases de una aplicación concreta del principio liberal ilustrado de soberanía popular, imbuido de razón como elemento justificador[13].

Estaban pues fijadas las columnas centrales para la edificación de un nuevo Estado, consistentes en la existencia de un grupo humano autoidentificado y territorialmente radicado, que reconoce la igualdad entre sus componentes individuales y su vocación colectiva, como pueblo, a autodeterminarse y autogobernarse, dando pie a la labor constituyente que concluyó con la aprobación en Congreso de la Constitución republicana federal del 21 de diciem-

---

[11] http://www.analitica.com/Bitblio/venezuela/acta.asp

[12] Tomás Polanco Alcántara, "Las Formas Jurídicas en la Independencia" (pp. 48 a 50).

[13] Para Augusto Mijares, "Ideología de la Revolución Emancipadora" (p. 5), dentro de otras causas fundamentales, quisimos difundir las teorías enciclopedistas francesas y, más aún, deseamos imitar a Francia.

bre de 1811[14], que fuera redactada por personas claramente influidas por las ideas ilustradas[15], como lo fueron Francisco Javier Uztáriz, Gabriel Ponte y Juan Germán Roscio, con la promulgación de Cristóbal (de) Mendoza, primer presidente de la República en ejercicio.

Sin duda se partió del postulado filosófico spinoziano acerca del fin libertario del Estado, como herramienta exponencial de desarrollo de todos y cada uno de los derechos naturales de la persona:

"De los fundamentos del Estado,..., se sigue, con toda evidencia, que su fin último no es dominar a los hombres ni sujetarlos por el miedo y someterlos a otro, sino, por el contrario, librarlos a todos del miedo para que vivan, en cuanto sea posible, en seguridad; esto es, para que conserven al máximo este derecho suyo natural de existir y de obrar sin daño suyo ni ajeno. El fin del Estado, repito, no es convertir a los hombres de seres racionales en bestias o autómatas, sino lograr más bien que su alma (mens) y su cuerpo desempeñen sus funciones con seguridad, y que ellos se sirvan de su razón libre y que no se combatan con odios, iras o engaños, ni se ataquen con perversas intenciones. El verdadero fin del Estado es, pues, la libertad"[16].

En este orden de ideas, tratándose la labor constituyente de una actuación conceptualmente popular, los representantes de las siete provincias que se sumaron a esta actuación jurídico-política, es decir, las Provincias de Margarita, de Mérida, de Cumaná, de Barinas, de Barcelona, de Trujillo y de Caracas (pues las Provincias de Maracaibo y de Coro no respondieron, y la de Guayana fue casi de inmediato dominada por el enemigo), reunidos en Congreso General, introducen el preámbulo de este modo:

"En el nombre de Dios Todo Poderoso, nos, el Pueblo de los Estados de Venezuela, usando de nuestra Soberanía y deseando establecer entre nosotros la mejor administración de justicia, procurar el bien general, asegurar la tranquilidad interior, proveer en común a la defen-

---

14   http://venciclopedia.com/index.php?title=Constituci%C3%B3n_Federal_de _1811/Texto Constitucional.

15   Allan Randolph Brewer-Carías, *opus cit.* (p. 95), destaca la actuación en cuestión bajo la concepción liberal, es decir, con sustento popular y democrático.

16   Baruch Spinoza, *Tratado Teológico-Político* (pp. 410 y 411).

sa exterior, sostener nuestra Libertad e Independencia política, conservar pura e ilesa la sagrada religión de nuestros mayores, asegurar perpetuamente a nuestra posteridad el goce de estos bienes y estrecharnos mutuamente con la más inalterable unión y sincera amistad, hemos resuelto confederarnos solemnemente para formar y establecer la siguiente Constitución Federal para los Estados de Venezuela, Constitución por la cual se han de gobernar y administrar estos Estados".

A continuación, dentro de su articulado conviene destacar los dispositivos identificados como:

14: *"Los que compongan la Cámara de Representantes deben ser nombrados por los electores populares de cada Provincia para servir por cuatro años este encargo; y el número total respectivo se renovará cada dos por mitad, sin que ninguno de ellos pueda ser reelegido inmediatamente".* Y,

26: *"Todo hombre libre tendrá derecho de sufragio en las Congregaciones Parroquiales, si a esta calidad añade la de ser Ciudadano de Venezuela, residente en la Parroquia o Pueblo donde sufraga: si fuere mayor de veintiún años, siendo soltero o menor siendo casado y velado y si poseyere un caudal libre del valor de seiscientos pesos en la Capitales de Provincia siendo soltero y de cuatrocientos siendo casado, aunque pertenezcan a la mujer o de cuatrocientos siendo en las demás poblaciones en el primer caso y doscientos en el segundo; o si tuviere grado, o aprobación pública en una ciencia o arte liberal o mecánica; o si fuere propietario o arrendador de tierras, para sementeras o ganado con tal que sus productos sean los asignados para los respectivos casos de soltero o casado".*

Finalmente descollando con todo realce el contenido del Capítulo Octavo, Derechos del Hombre que se Reconocerán y Respetarán en toda la Extensión del Estado, y específicamente de su Sección Primera, Soberanía del Pueblo, se exponen a la vista los artículos que se transcriben de seguidas:

141: *"Después de constituidos los hombres en sociedad, han renunciados a aquella libertad ilimitada y licenciosa a que fácilmente los conducían a sus pasiones propias sólo del estado salvaje. El establecimiento de la sociedad presupone la renuncia de estos derechos funestos, la adquisición de otros más dulces y pacíficos, y la sujeción a ciertos deberes mutuos".*

143: *"Una sociedad de hombres reunidos bajo unas mismas leyes, costumbres y gobierno, forma una soberanía".*

144: *"La soberanía de un país o supremo poder de reglar y dirigir equitativamente los intereses de la comunidad reside, pues, esencial y originariamente en la masa general de sus habitantes y se ejercita por medio de Apoderados o Representantes de éstos, nombrados y establecidos conformes a la Constitución".*

145: *"Ningún individuo, ninguna familia, ninguna porción o reunión de ciudadanos, ninguna corporación particular, ningún pueblo, ciudad o partido, puede atribuirse la soberanía de la sociedad, que es imprescriptible, inajenable e indivisible en su esencia y origen, ni persona alguna podrá ejercer cualquiera función pública del gobierno, sino la ha obtenido por la Constitución".*

146: *"Los Magistrados y oficiales del Gobierno, investidos de cualquiera especie de autoridad, sea en el Departamento Legislativo, en el Ejecutivo o en el Judicial, son de consiguiente meros Agentes y representantes del pueblo en las funciones que ejercen y en todo tiempo responsables a los hombres o habitantes de su conducta pública por vías legítimas y constitucionales".* Y,

149: *"La ley es la expresión libre de la voluntad general o de la mayoría de los ciudadanos, indicada por el órgano de sus Representantes legalmente constituidos. Ella se funda sobre la justicia y la utilidad común y ha de proteger la libertad pública e individual contra toda opresión o violencia".*

Y, más allá, se menciona el artículo 226, garante de la igualdad de trato:

"Nadie tendrá en la Confederación de Venezuela otro título, ni tratamiento público que el de ciudadano, única denominación de todos los hombres libres que componen la Nación; pero a las Cámaras representativas, al Poder Ejecutivo y a la Suprema Corte de Justicia se dará por todos los Ciudadanos el mismo tratamiento con la adición de Honorable para las primeras, Respetable para el segundo y Recto para la tercera".

El carácter democrático de esta Constitución, fundada elocuentemente en el principio de soberanía popular, se halla más que patente en su texto, en donde se aprecia con meridiana claridad la instauración de un sistema representativo, sin que por ello deba entenderse como excluida cualquiera iniciativa metodológica de corte participativo. Con esto, disentimos del Profesor Allan Randolph Brewer-Carías[17], cuando afirma que la idea de representatividad republicana se reguló en términos exclusivos o excluyentes obviamente de la participación ciudadana, al supuestamente establecer esta Constitución que la soberanía se ejercita (*"sólo"*) por medio de apoderados o representantes. Ciertamente el artículo 144 no contiene ese lapidario adverbio de modo: sólo.

En este contexto, destacamos que el gran constituyentista venezolano Juan Germán Roscio se vio a sí mismo como vocero de las ideas del principio de soberanía popular, aporte central del proceso revolucionario francés, haciendo entonces recaer la soberanía en el pueblo, el cual la ejercería votando por representantes en elecciones libres[18].

Es notable como este trascendental personaje de la historia constitucional venezolana, a fin de ganar adeptos a la causa independentista, liberando de prejuicios a quienes aún tenían su mente hipotecada con la anciana y oscura concepción acerca de la vinculación irrestricta entre la pretendida voluntad divina y la persona y poder absoluto del Rey, interesadamente alimentada durante siglos de tinieblas por la mayoría del clero católico (salvedad hecha de las tesis al respecto disidentes de San Agustín), argumenta desde las bases del sentido común y de la razón, de modo de justificar la aceptación divina de la legitimidad popular para soberanamente autogobernarse y decidir su propio destino político, mediando un concienzudo, detallado y más que pormenorizado análisis de las sagradas escrituras católicas, en su obra magistral *"El Triunfo de la Libertad sobre el Despotismo"*, en la que podemos leer, a título meramente ilustrativo, pero contundente, lo siguiente[19]:

---

[17] Allan Randolph Brewer-Carías, *opus cit.* (p. 190. Tesis reproducida al texto por el mismo autor en su otra obra "El Paralelismo entre el Constitucionalismo Venezolano y el Constitucionalismo de Cádiz (o de cómo el de Cádiz no Influyó en el Venezolano)" (p. 289).

[18] Irene Loreto González, "El Pensamiento de Juan Germán Roscio en los Primeros Textos Constitucionales de Venezuela" (pp. 1 y 20).

[19] Juan Germán Roscio. "El Triunfo de la Libertad sobre el Despotismo". Biblioteca Ayacucho. Caracas, 1996. Capítulo XLII *"La Soberanía del Pueblo en el Capítulo 6 del Evangelio de San Juan"* (pp. 201 y 202).

"Suponer que fue omiso y negligente su maestro, en tantas ocasiones que se le presentaron para explicar materias importantes de gobierno, y de derecho, queda para los que trabajan por la esclavitud del género humano. Confesemos pues que el portarse Jesús con los que pretendían hacerlo rey en el desierto, de la manera que refiere el Evangelista San Juan, es una prueba de que ellos no se equivocaban en el uso de sus derechos. Debemos suponer que los Apóstoles eran de este número, y su opinión de igual conformidad. Así lo indica la circunstancia de no haberse Jesús acompañado de ninguno de ellos en su fuga. Si ellos procediesen equivocados en su opinión, hubieran sido corregidos por su maestro, o se hubieran retractado de ella después que fueron iluminados por vuestro espíritu. Sostener otra cosa, sería figurar a Jesús ignorante de lo que enseña el sentido común, o menos instruido en política que los doctores de la era feudal. Voy a proponer una especie de prueba que, aunque no es tomada de los libros de la religión, concuerda con ellos, y pertenece a una nación que sufre mucho del poder arbitrario, erigido sobre las falsas doctrinas que estoy abjurando. Con el código más completo de sus antiguas leyes, y con ciertos hechos de su historia aumentaré comprobantes de la soberanía del pueblo".

Empero, mientras que hemos sostenido que la Constitución de 1811, en su letra, no ancló el ejercicio de la soberanía a medios meramente representativos, como vimos lo alega contundentemente el Prof. Allan Randolph Brewer-Carías, es apreciable que el mismo afamado constituyentista de 1811, ahora obrando también como constituyentista en la confección de la siguiente Constitución, es decir, la Constitución Política de Venezuela sancionada por el Congreso, en Angostura, el 11 de agosto de 1819[20], sí hizo emplear una terminología en nuestro concepto, en consecuencia, de retroceso, cuando en su artículo 2, del Título 5to. *"Del Soberano y del Ejercicio de la Soberanía"*, explícitamente parece excluir las técnicas participativas ciudadanas, al establecer que:

"El pueblo de Venezuela no puede ejercer por sí otras atribuciones de la soberanía que la de las elecciones ni puede depositarla toda en unas solas manos".

---

[20]   http://www.clbec.gob.ve/pdf/CONSTITUCION%201819.pdf

¿Acaso no habría estado esa absolutización del representativismo determinada, no por consideraciones conceptuales de reconfiguración de las instituciones democráticas, sino por las circunstancias de la sangrienta guerra independentista del momento?[21]

Estaba, pues, Venezuela, plantada sobre las ideas libertarias del Estado Legal de Derecho, y ese asomo a la democracia participativa posible tendría que esperar al movimiento neoconstitucionalista de fines del Siglo XX, vale decir, al Estado Constitucional de Derecho, y con él a la Constitución de 1999 (sin perjuicio de algunas interpretaciones valorativas innovadoras que de la Constitución de 1961 llegó a hacer la Corte Suprema de Justicia), pero ese desarrollo normativo lo veremos más adelante.

En otro orden de ideas, pero de estirpe complementaria, debe aclararse, para terminar, que por supuesto, resulta menester poner de relieve que esa noción de soberanía popular, por más de apertura que fuera, sin duda casi infinita, comparada con la anterior atribución de la soberanía en términos absolutos a un monarca, distaba aún mucho de ser realmente popular, si a ese calificativo le fuéramos a otorgar el alcance que tiene hoy en día bajo el epíteto de "universal", toda vez que por pueblo, para la época, no se entendían todos cuantos tuvieren la nacionalidad respectiva, ni aun siendo mayores de edad, pues a pesar del grito igualitario, aún las sociedades toleraban o incluso fomentaban diferencias o discriminaciones al interior de las sociedades nacionales, por motivos raciales, de género o patrimoniales.

En ese sentido, es plausible el reconocimiento explícito que de sus derechos, incluso políticos, hizo la Constitución venezolana de 1811, primero en cuanto concierne a los llamados negros para entonces (hoy en día denominados afrodescendientes), cuando el artículo 222 prohíbe la esclavitud, segundo en lo tocante a los indios, al prescribir el artículo 200 la plena igualdad de derechos, y tercero en lo referente a los pardos, al prever el artículo 203 la anulación de las leyes antiguas que les imponían degradación civil. Sin embargo,

---

21 Edward Ceballos Méndez, "Desarrollo Constitucional del Derecho de Acceso a la Información Pública" (p. 112): "*En el debate contemporáneo, sobre todo, en la materia de las ciencias políticas y su relación con el derecho administrativo público destaca el vínculo entre gobernabilidad y democracia, cuyo principio radica en la soberanía popular y en sus manifestaciones concretas, donde destaca la participación ciudadana*".

es evidente que aún faltaban decenas de años para que se aboliera efectivamente la esclavitud, que aún los indios están sumidos en la pobreza y la marginalización, que todavía había que esperar más de un siglo para reconocer los derechos políticos de las mujeres, y que incluso no bastaba ser un hombre blanco y libre para ser sufragante, ya que se estableció una democracia, sí, pero censitaria, en la cual los derechos políticos, es decir, los que condicionan el ejercicio efectivo de la soberanía popular, se encontraban reservados, bajo criterios de orden socioeconómico, a los varones que fueren propietarios de un patrimonio mínimo bien determinado. En efecto, disponen sus artículos:

26: *"Todo hombre libre tendrá derecho de sufragio en las Congregaciones Parroquiales, si a esta calidad añade la de ser Ciudadano de Venezuela, residente en la Parroquia o Pueblo donde sufraga: si fuere mayor de veintiún años, siendo soltero o menor siendo casado y velado y si poseyere un caudal libre del valor de seiscientos pesos en la Capitales de Provincia siendo soltero y de cuatrocientos siendo casado, aunque pertenezcan a la mujer o de cuatrocientos siendo en las demás poblaciones en el primer caso y doscientos en el segundo; o si tuviere grado, u aprobación pública en una ciencia o arte liberal o mecánica; o si fuere propietario o arrendador de tierras, para sementeras o ganado con tal que sus productos sean los asignados para los respectivos casos de soltero u casado".* Y,

187: *"El derecho del Pueblo para participar en la Legislatura es la mayor seguridad y el más firme fundamento de un gobierno libre; por tanto, es preciso que las elecciones sean libres y frecuentes y que los ciudadanos en quienes concurran las calificaciones de moderadas propiedades y demás que procuran un mayor interés a la comunidad, tengan derecho para sufragar y elegir los miembros de la Legislatura a épocas señaladas y poco distantes como previene la Constitución".*

La Constitución de 1819, en sus artículos 1 al 4 de su Título 3ero., Sección Primera "De los Ciudadanos", subdividió a los ciudadanos en activos y pasivos, siendo el activo quien gozaba del sufragio y del ejercicio de la soberanía, debiendo ser nacido y domiciliado en el país, casado o mayor de 21 años, saber leer y escribir y poseer una propiedad raíz de al menos quinientos (500) pesos en el país o tener algún grado público en ciencia o arte liberal o mecánica, o gozar de un grado militar vivo o empleo con renta de al menos trescientos (300) pesos anuales.

Se puede apreciar que se amplía la base de la masa sufragante al disminuir los límites mínimos patrimoniales de seiscientos (600) a quinientos (500) pesos, y ratificarse la extensión a las profesiones liberales y comerciantes.

Sección Segunda: Revista de las Regulaciones Específicas en las Constituciones Venezolanas, de 1830 a la vigente de 1999.

Una vez que han sido analizadas las disposiciones pertinentes a la idea de soberanía (como fundamento de la legitimación de la participación ciudadana), que se encuentran presentes en la Constitución de los Estados Unidos de Venezuela de 1811 y en la Constitución Política de Venezuela de 1819, corresponde ahora pasar revista a las consideraciones pertinentes previstas en las distintas Constituciones que han estado vigentes en el país, desde la de 1830 hasta la de 1999 (en rigor formal en la actualidad), dejando de lado los diversos actos jurídicos o de facto de naturaleza constitucional que se sucedieron a lo largo de la historia, así como las enmiendas y reformas a los textos fundamentales que en sus momentos acontecieron.

1. *El breve pasaje por la República de Colombia (Gran Colombia):*

Ahora bien, ante todo conviene precisar que el aparente salto entre 1819 y 1830 no se corresponde con una vigencia relativamente prolongada, para época de guerra, de más de 10 años, pues por el contrario, la Constitución de 1819 tuvo una vigencia efímera de pocos meses, ya que habiendo sido sancionada el 11 de agosto de 1819, dada la unión voluntaria de los pueblos de la Nueva Granada, libertados por los ejércitos republicanos de Venezuela, se constituyó un nuevo Estado regido, en primer lugar, por la Ley Fundamental de la República de Colombia, sancionada por el Soberano Congreso de Venezuela, en Angostura, el 17 de diciembre de 1819, y en segundo lugar, por la Ley Fundamental de la Unión de los Pueblos de Colombia, sancionada por el Congreso de los Pueblos de Nueva Granada y Venezuela, en Cúcuta, el 12 de julio de 1821, lo que dio lugar a la Constitución de Colombia, sancionada por el Congreso General de Colombia, en Cúcuta, el 30 de agosto de 1821.

En líneas generales, estos textos constitucionales "gran colombianos" no variaron las previsiones de la Constitución de 1819, lo cual se aprecia en el artículo 10 de la Constitución de 1821, que expresa:

"El pueblo no ejercerá por sí mismo otras atribuciones de la soberanía que la de las elecciones primarias; ni depositará el ejercicio de ella en unas solas manos".

Igualmente, en su artículo 15, se exige como requisitos indispensables para ser sufragante, los que se exponen a continuación: la nacionalidad colombiana, ser casado o mayor de 21 años, saber leer y escribir y, siguiendo con la democracia censitaria, ser dueño de alguna propiedad raíz con un valor al menos de cien (100) pesos, o ejercitar algún oficio, profesión, comercio o industria útil con casa o taller abierto sin dependencia de otro, en clase de jornalero o sirviente. Se puede apreciar que se amplía la base de la masa sufragante al disminuir los límites mínimos patrimoniales de quinientos (500) a cien (100) pesos.

2. *La Constitución del Estado de Venezuela de 1830:*

Luego de una serie de sucesivas reformas institucionales, enmarcadas dentro del proceso independentista de la Hispanoamérica del sur, se concretó la desmembración de la República de Colombia de 1821, por lo que concierne a Venezuela, mediante la sanción de la Constitución del Estado de Venezuela, aprobada por el Congreso Constituyente, en Valencia, el 22 de septiembre de 1830.

La Constitución de 1830, de la nueva Venezuela, Estado que ha sido el mismo hasta la presente fecha, a pesar de los cambios de nombre y de las diversas Constituciones que lo han regido, estableció, como lo hizo la Constitución de 1819, un sistema político altamente centralizado, con un muy fuerte poder ejecutivo, y de carácter democrático netamente representativo, como se destaca en su artículo 6, ratificando en su artículo 7, esa denunciada y aparente exclusión del carácter democrático participativo, que nos viene desde 1819, al disponer:

"El pueblo no ejercerá por sí mismo otras atribuciones de la Soberanía que la de las elecciones primarias ni depositará el ejercicio de ella en una sola persona".

De suyo contundente en este sentido es el artículo 3, al señalar que:

"La Soberanía reside esencialmente en la Nación y no puede ejercerse sino por los Poderes Políticos que establece esta Constitución".

Por otro lado, el artículo 14 mantiene la limitación al goce de los derechos políticos al ser ciudadano, para lo que se requería (de nuevo) ser venezolano, casado o mayor de 21 años, saber leer y escribir y, acorde con la democracia censitaria, ser dueño de una propiedad raíz cuya renta anual sea de cincuenta (50) pesos o tener una profesión, oficio o industria útil que produjese cien (100) pesos anuales, sin dependencia de otro en clases de sirviente doméstico o gozar de un sueldo anual de ciento cincuenta (150) pesos. Se advierte que se amplía la base de la masa sufragante al no colocarse límites mínimos patrimoniales, sino requerirse que ella genere renta de al menos cincuenta (50) pesos al año, y por otro lado se incluye por primera vez a los asalariados dependientes.

3. *La Constitución de Venezuela de 1857*:

El Congreso de Venezuela sancionó en Caracas la Constitución aprobada el 16 de abril de 1857, pudiéndose observar el incremento en la creciente configuración de un sistema político altamente centralizado, aunado ello al énfasis otorgado al carácter democrático representativo, al establecer su artículo 5 que:

"El Gobierno de Venezuela es y será siempre republicano, democrático, bajo la forma representativa, con responsabilidad y alternación de todos los funcionarios públicos".

Del mismo modo, el artículo 2 declara que:

"La soberanía reside en la Nación y los Poderes que establece esta Constitución son delegaciones de aquella para asegurar el orden, la libertad y todos los derechos".

En otro orden de ideas, se aprecia un sensible avance, en cuanto concierne a la democratización, al eliminarse ya definitivamente el tradicional carácter censitario de esta democracia, exigiéndose del ciudadano, como elector, solamente la nacionalidad venezolana, ser casado o mayor de 18 años y saber leer y escribir. Se va pues hacia la universalización del sufragio, sin aún llegar a ella.

4. *La Constitución de Venezuela de 1858*:

Problemas internos históricamente conocidos como la Revolución del 5 de marzo de 1858, dirigida por el General Julián Castro, condujeron a la convocatoria de la Convención Nacional, reunida en Valencia, que sancionó la Constitución de Venezuela del 24 de diciembre de 1858.

Este nuevo texto constitucional indica sin más, y lacónicamente, en su artículo 2, que:

"La Soberanía reside esencialmente en la Nación".

Luego, el texto pone de manifiesto el característico centralismo en nuestra historia, adornado siempre por un fuerte presidencialismo, y su artículo 7 de nuevo alude al carácter democrático representativo, que ya asoma el populismo en la política interna, al denominarlo *"popular representativo"*, así:

"El Gobierno de Venezuela es y será siempre republicano, popular representativo, responsable y alternativo".

Finalmente, se reitera la eliminación de lo censitario en la idea democrática, al exigirse para ser ciudadano con derecho de elegir, solamente la nacionalidad venezolana, ser mayor de 20 años, o aun menores siempre que sean o hayan sido casados. En consecuencia, también se eliminó el requisito de saber leer y escribir.

5. *La Constitución de los Estados Unidos de Venezuela de 1864:*

Muy poca vigencia tuvo la Constitución de 1858, pues ya durante el segundo semestre de 1861 asumió el gobierno de facto el General José Antonio Páez, quien gobernó por decretos ejecutivos, desarrollándose el segundo período más sanguinario de la historia de Venezuela, conocido como la Guerra Federal, que al haber sido ganada por quienes defendían el federalismo, una vez pacificado el país, se convocó a la Asamblea Constituyente, en Caracas, que sancionó la Constitución de los Estados Unidos de Venezuela, el 28 de marzo de 1864.

No existe en el texto constitucional una norma declarativa, como la hasta ahora acostumbrada, acerca de la titularidad de la soberanía, más allá de la idea presente en el artículo 1, de que las Provincias se unen para formar una Nación libre y soberana.

Por otro lado, el artículo 13 incluye, dentro de las bases de la unión, que las Provincias quedan comprometidas a organizarse conforme a los principios de Gobierno Popular, Electivo, Federal Representativo, Alternativo y Responsable. De este modo, se reproduce el carácter democrático representativo, pero tildándolo de *"federal representativo".*

Y, el artículo 14, numeral 11, consagra la libertad de sufragio para las elecciones populares, sin más restricción que la menor edad de 18 años. En otras palabras, se llega al máximo de universalización del sufragio, incluso disminuyendo la edad mínima para votar, que ya había sido llevada de 21 a 20 años, y ahora a 18 años.

6. *La Constitución de los Estados Unidos de Venezuela de 1874:*

El Congreso de los Diputados de Venezuela, en Caracas, sancionó la Constitución de los Estados Unidos de Venezuela del 23 de mayo de 1874, sobre la que se amerita hacer los mimos comentarios de la anterior Constitución, incluyendo la identidad de los números del articulado.

7. *La Constitución de los Estados Unidos de Venezuela de 1881:*

Luego de una serie de actos normativos modificatorios de la institucionalidad, conducidos básicamente por el General Antonio Guzmán Blanco, el Congreso de los Estados Unidos de Venezuela sancionó la Constitución del 4 de abril de 1881, que guarda idéntico contenido principista, en cuanto a los puntos de interés, que las dos Constituciones anteriores.

8. *La Constitución de los Estados Unidos de Venezuela de 1891:*

El Congreso de los Estados Unidos de Venezuela, en Caracas, sancionó la Constitución del 9 de abril de 1891, que guarda idéntico contenido principista, en cuanto a los puntos de interés, que las tres Constituciones anteriores.

9. *La Constitución de los Estados Unidos de Venezuela de 1893:*

La Asamblea Nacional Constituyente en Caracas, sancionó la Constitución del 12 de junio de 1893, que guarda idéntico contenido principista, en cuanto a los puntos de interés, que las cuatro Constituciones anteriores, salvo por el hecho de que se eleva la edad de la libertad de sufragio a 21 años, y se consagra como limitación la interdicción declarada por sentencia ejecutoriada de los Tribunales Competentes.

10. *La Constitución de los Estados Unidos de Venezuela de 1901:*

La Asamblea Nacional Constituyente, en Caracas, sancionó la Constitución de los Estados Unidos de Venezuela del 26 de marzo de 1901.

Acorde con lo establecido en el artículo 21, en cuanto a la titularidad de la Soberanía:

"La Soberanía reside esencialmente en el pueblo, que la ejerce por medio de los Poderes Públicos para garantía de la libertad y del orden".

En otro sentido, el artículo 6, numeral 1, dentro de las bases de la Unión, siendo una de ellas el carácter representativo democrático, convoca a los Estados:

"A organizarse conforme a los principios de Gobierno Popular, Electivo, Federal, Representativo, Alternativo y Responsable".

Y en el mismo orden de ideas, el artículo 26 dispone que:

"El Gobierno de la Unión es y será siempre Republicano, Democrático, Electivo, Federal, Representativo, Alternativo y Responsable".

Se observa que a partir de esta Constitución se salva un aparente error gramatical, al ser incluida una coma (,) entre las palabras *"federal"* y *"representativo"*, no tratándose entonces de una real categoría autónoma, la de *"federal representativo"*, sino de un gobierno que, además de federal, es también representativo.

Por lo que respecta a la identificación de quienes gozan del derecho al sufragio, el artículo 10 define como electores, nuevamente restringiendo la respectiva universalidad, a los venezolanos mayores de 21 años (venía siendo de 18 años), mientras que el artículo 17, numeral 11, consagra como limitaciones a ello las de ser varones y no estar sometidos a interdicción declarada por sentencia ejecutoriada.

Finalmente, resulta patente la instauración del carácter representativo de la democracia, partiendo de lo previsto en los artículos 22 y 27, como sigue:

"El pueblo no gobierna sino por medio de sus mandatarios o autoridades establecidas por la Constitución y las Leyes".

"El ejercicio de la Soberanía se confiere por el voto de los ciudadanos o de las corporaciones que tiene la facultad de elegir los Poderes Públicos, al tenor de esta Constitución, sin que sea potestativo a ninguno de estos Poderes abogarse a la plenitud de la Soberanía".

11. *La Constitución de los Estados Unidos de Venezuela de 1904:*

El Congreso Constituyente de los Estados Unidos de Venezuela, en Caracas, sancionó la Constitución del 27 de abril de 1904.

Con arreglo a lo previsto en el artículo 22:

"La Soberanía reside esencialmente en el pueblo, quien la ejerce por medio de los Poderes Públicos".

De tal manera, aparece una y otra vez el carácter representativo democrático, lo cual es reiterado en cuanto a las bases de la Unión, y a las características del Gobierno Federal, a tenor de los artículos 7, numeral 1 y 26:

"Los Estados… se obligan: A organizarse conforme a los principios de Gobierno Popular, Electivo, Federal, Representativo, Alternativo y Responsable".

"El Gobierno de la Unión es y será siempre Republicano, Federal, Democrático, Electivo, Representativo, Alternativo y Responsable".

En cuanto a la identificación de los electores, los artículos 10 y 17, numeral 11, señalan a los venezolanos, mayores de 21 años, sin más restricciones.

12. *La Constitución de los Estados Unidos de Venezuela de 1909:*

Producto de una enmienda efectuada por Acuerdo del Congreso de los Estados Unidos de Venezuela, sancionada el 4 de agosto de 1909, fue aprobada esta Constitución, la cual reiteró los principios pertinentes comentados en cuanto a la anterior Constitución.

Como dato histórico, tenemos que esta fue la primera Constitución de vigencia meramente formal, con la que se inició la férrea dictadura del General Juan Vicente Gómez, que se prolongó hasta su muerte en 1935, con varias Constituciones nominales mientras tanto.

13. *La Constitución de los Estados Unidos de Venezuela de 1914:*

El Congreso de Diputados Plenipotenciarios, en Caracas, sancionó la Constitución de los Estados Unidos de Venezuela del 13 de junio de 1914, luego de haber sido sancionado, por el mismo Congreso, el Estatuto Constitucional Provisorio del 19 de abril de 1914. Esta Constitución reiteró los principios pertinentes comentados en cuanto a las dos anteriores Constituciones.

14. *La Constitución de los Estados Unidos de Venezuela de 1922:*

El Congreso de los Estados Unidos de Venezuela, en Caracas, sancionó la Constitución de los Estados Unidos de Venezuela del 19 de junio de 1922.

El carácter representativo democrático viene una vez más reiterado en el artículo 9, con la siguiente redacción:

"La Nación Venezolana es para siempre e irrevocablemente libre e independiente de toda potencia o dominación extranjera, y en ningún caso y por ningún acto podrá Autoridad, Congreso, Poder alguno cambiar la forma de Gobierno, que es y será siempre Republicano, Federal, Democrático, Electivo, Representativo, Responsable y Alternativo".

Del mismo modo, en cuanto a las bases de la Unión, el artículo 19, numeral 2, obliga a los Estados:

"A organizarse conforme a los principios de Gobierno Popular, Electivo, Federal, Representativo, Responsable y Alternativo".

No hay cambios en cuanto a la identificación de los electores, por lo que se refiere a las previsiones de las tres anteriores Constituciones.

15. *La Constitución de los Estados Unidos de Venezuela de 1925:*

El Congreso de los Estados Unidos de Venezuela, en Caracas, sancionó la Constitución de los Estados Unidos de Venezuela del 24 de junio de 1925.

Salvaguardándose la semejanza con los principios pertinentes contenidos en las cuatro anteriores Constituciones, el artículo 32, numeral 12, modifica ligeramente la identificación de los electores, así:

"El derecho de sufragio, y en consecuencia todos los venezolanos, mayores de 21 años, que no estén sujetos a interdicción ni a condena penal que envuelva la inhabilitación política, son electores y elegibles para todos los cargos públicos, sin más restricciones que las establecidas en esta Constitución, y las que se deriven de las condiciones especiales de competencia o capacidad que para el ejercicio de determinados cargos requieren las leyes".

16. *La Constitución de los Estados Unidos de Venezuela de 1928:*

El Congreso de los Estados Unidos de Venezuela, en Caracas, sancionó la Constitución de los Estados Unidos de Venezuela del 22 de mayo de 1928, la cual mantuvo total asimilación principista, en cuanto a los temas estudiados, con relación a la Constitución anterior.

17. *La Constitución de los Estados Unidos de Venezuela de 1929:*

El Congreso de los Estados Unidos de Venezuela, en Caracas, sancionó la Constitución de los Estados Unidos de Venezuela del 29 de mayo de 1928, la cual mantuvo total asimilación principista, en cuanto a los temas estudiados, con relación a las dos Constituciones anteriores.

18. *La Constitución de los Estados Unidos de Venezuela de 1931:*

El Congreso de los Estados Unidos de Venezuela, en Caracas, sancionó la Constitución de los Estados Unidos de Venezuela del 7 de julio de 1931, la cual mantuvo total asimilación principista, en cuanto a los temas estudiados, con relación a las tres Constituciones anteriores.

19. *La Constitución de los Estados Unidos de Venezuela de 1936:*

El Congreso de los Estados Unidos de Venezuela, en Caracas, sancionó la Constitución de los Estados Unidos de Venezuela del 16 de julio de 1936, la cual mantuvo relativa asimilación principista, en cuanto a los temas estudiados, con relación a las cuatro Constituciones anteriores.

El cambio significativo, claramente reductor del alcance de la definición de los electores, vino en el artículo 32, numeral 14, en el que se limitó el derecho de sufragio a favor de los varones alfabetizados, en detrimento del principio de universalidad, como sigue:

"El derecho de sufragio, y, en consecuencia, los venezolanos varones, mayores de 21 años, que sepan leer y escribir y que no estén sujetos a interdicción ni a condena penal que envuelva la inhabilitación política, son aptos para elegir y ser elegidos, sin más restricciones que las establecidas en esta Constitución, y las que deriven de las condiciones especiales de competencia o capacidad que para el ejercicio de determinados cargos requieran las leyes".

20. **La Constitución de los Estados Unidos de Venezuela de 1945:**

El Congreso de los Estados Unidos de Venezuela, en Caracas, sancionó la Constitución de los Estados Unidos de Venezuela del 5 de mayo de 1945, que es una reforma de la precedente y mantuvo relativa asimilación principista, en cuanto a los temas estudiados, con relación a las cinco Constituciones anteriores.

La diferencia central, en cuanto al tema que nos ocupa, por lo que toca a la identidad de los electores, se encuentra en el literal b, del numeral 14, del artículo 32, en donde se reconoce el derecho de sufragio a las mujeres venezolanas mayores de 21 años, alfabetizadas y no sujetas a interdicción ni a inhabilitación política, sólo en cuanto correspondiese a las elecciones para la formación de los Concejos Municipales.

21. **La Constitución de los Estados Unidos de Venezuela de 1947:**

El 19 de octubre de 1945 se produjo un hecho conocido históricamente como "La Revolución de Octubre", que implicó un golpe de estado y la instauración de una Junta Revolucionaria de Gobierno, encabezada por el Sr. Rómulo Betancourt, que gobernó mediante decretos que mantuvieron o modificaron según los casos el ordenamiento jurídico nacional anterior, y fijaron un Estatuto Provisional de Derechos de los Venezolanos, garantizando el derecho de sufragio a todos los venezolanos mayores de 18 años, hasta la convocatoria e instalación de la Asamblea Nacional Constituyente.

La Asamblea Nacional Constituyente comenzó por garantizar los derechos y libertades contenidos en la Constitución de 1936, con su reforma de 1945, pero equiparando el derecho de sufragio entre hombres y mujeres, ello acorde con el Estatuto Provisional de Garantías del 11 de abril de 1947.

Posteriormente, la Asamblea Nacional Constituyente, en Caracas, presidida por el Sr. Andrés Eloy Blanco, sancionó la Constitución de los Estados Unidos de Venezuela del 5 de julio de 1947.

El artículo 79, en cuanto a la titularidad de la Soberanía, expresa, no sin dejar en claro el carácter representativo democrático, que:

"La Soberanía reside en el pueblo, quien la ejerce mediante el sufragio y por órgano de los Poderes Públicos".

Por otro lado, en cuanto a la identidad de los electores, esta Constitución resulta la de mayor apertura democrática de la historia venezolana, hasta ese momento, cuando se asegura el principio de universalidad del sufragio, en los artículos 44, 80 y 81:

"La Nación garantiza el derecho de sufragio activo y pasivo en los términos previstos en esta Constitución".

"El sufragio es derecho y función pública privativa de los venezolanos, pero podrá hacerse extensivo para elecciones municipales y conforme a la ley, a los extranjeros que tengan más de 10 años de residencia ininterrumpida en el país".

"Son electores todos los venezolanos, hombres y mujeres, mayores de 18 años, no sujetos por sentencia definitiva, firme a interdicción civil ni a condena penal que lleve consigo la inhabilitación política".

22. *La Constitución de los Estados Unidos de Venezuela de 1953:*

El Gobierno Constitucional de Venezuela fue objeto de un golpe de estado que condujo a la instauración del Gobierno de facto de la Junta Militar de Gobierno, encabezada por los Tenientes Coroneles Carlos Delgado Chalbaud, Marcos Pérez Jiménez y Luis Felipe Llovera Páez, la cual gobernó mediante actas y decretos.

Posteriormente, bajo el rigor de la dictadura militar, se instaló una pretendida Asamblea Constituyente de los Estados Unidos de Venezuela, en Caracas, que sancionó la Constitución de los Estados Unidos de Venezuela del 11 de abril de 1953.

Esta Constitución reitera la titularidad de la Soberanía y el carácter representativo democrático (democracia nominal), al establecer en su artículo 38:

"La Soberanía reside en el pueblo, quien la ejerce por medio del sufragio y por órgano del Poder Público".

Y, por lo que respecta a la identificación de los electores, se mantiene el alcanzado principio de universalidad, en el artículo 39:

"El sufragio es función pública privativa de los venezolanos. No obstante, podrá hacerse extensiva a los extranjeros. La Ley determinará las condiciones y demás modalidades relativa al ejercicio del sufragio en uno y otro caso".

23. *La Constitución de la República de Venezuela de 1961:*

La dictadura del General Marcos Pérez Jiménez fue objeto de un golpe de estado que entronizó en el poder a la Junta Militar de Gobierno de la República de Venezuela, encabezada por el Contraalmirante Wolfgang Larrazábal. Dicha Junta dictó su Acta Constitutiva del 23 de enero de 1958, que mantuvo en plena vigencia, salvo colisiones con los nuevos principios, el ordenamiento jurídico nacional anterior, y gobernó mediante decretos, hasta que fue sancionada la Constitución de la República de Venezuela, por el Congreso de la República, en Caracas, el 23 de enero de 1961, bajo el Gobierno democrático del Sr. Rómulo Betancourt, con dos enmiendas, una del 9 de mayo de 1973, y otra del 16 de marzo de 1983.

El carácter representativo democrático se puso de manifiesto, una vez más, en su artículo 3:

"El Gobierno de la República de Venezuela es y será siempre democrático, representativo, responsable y alternativo".

De inmediato, ese carácter representativo democrático es reiterado por el artículo 4, al prever que:

"La Soberanía reside en el pueblo, quien la ejerce mediante el sufragio, por los órganos del Poder Público".

Y, en lo tocante a la identidad de los electores, manteniéndose un evidente principio de universalidad, los artículos 110 y 111 establecen que:

"El voto es un derecho y una función pública. Su ejercicio será obligatorio, dentro de los límites y condiciones que establezca la Ley". Y,

"Son electores todos los venezolanos que hayan cumplido 18 años de edad y no estén sujetos a interdicción civil ni a inhabilitación política".

En otro orden de ideas, conviene precisar que el artículo 2 salvaguarda la histórica idea de que Venezuela es un Estado Federal, aunque condicionándolo "en los términos consagrados por esta Constitución", de donde puede apreciarse que más bien se ha siempre mantenido la vocación altamente centralista o centralizadora de la organización del Poder Público en Venezuela.

Esto es importante tenerlo presente, por cuanto ya hemos tenido ocasión anteriormente de dejar claramente establecida la relación entre la descentralización del poder y la facilitación del ejercicio del derecho a la participación ciudadana.

Así, la idea federal, que podría perfectamente ser desarrollada, como en efecto ocurrió parcialmente, mediante el dictado de leyes a esos fines (de descentralización, de régimen municipal y de elección de gobernadores de estado, entre otras), es una gran aproximación a un primer nivel de descentralización.

Además, no debe olvidarse que, para la época de vigencia de esta Constitución, de 38 años, la más larga de la historia del país, ya el Estado había iniciado la concreción de una política de descentralización del poder[22], en ejecución de la disposición contenida en el artículo 137 de esta Constitución:

"El Congreso, por el voto de las dos terceras partes de los miembros de cada Cámara, podrá atribuir a los Estados o a los Municipios determinadas materias de la competencia nacional, a fin de promover la descentralización administrativa".

Del mismo modo, ya incursionando en el neoconstitucionalismo, es decir, en la idea claramente valorativa de Estado Constitucional de Derecho, ya la Corte Suprema de Justicia había interpretado, por ejemplo, que, de la obligación estatal de proteger los re-

---

[22] En ese entonces, ya en 1983 el Profesor Allan Randolph Brewer-Carías, "La Formación del Abogado y los Problemas del Ejercicio de la Abogacía" (p. 38) escribió: "*...necesitamos rehacer un país que se nos desmorona en sus instituciones no remozadas; necesitamos construir por dentro nuestro país, agobiado por el centralismo; necesitamos liberar las fuerzas políticas del ciudadano, agobiado y aplastado por el Estado...*".
Octavio Salazar Benítez, "El Marco Legal de la Participación Ciudadana en los Municipios" (p. 80): "El principio democrático se conecta, pues, con el de descentralización, el cual implica un acercamiento de la gestión de los servicios a sus destinatarios...".

cursos naturales, explícitamente presente en la Constitución, se desprendía el derecho humano a un ambiente sano y ecológicamente equilibrado, sin previsión constitucional, más allá de la cláusula del "*numerus apertus*".

24. *La Constitución de la República Bolivariana de Venezuela de 1999:*

Ya con ocasión de la introducción de la presente investigación, tuvimos oportunidad de presentar los principales dispositivos al respecto de la soberanía popular universal y la democracia, a que se contrae la Constitución de la ahora denominada República Bolivariana de Venezuela, sancionada por la Asamblea Nacional Constituyente en 1999 y sometida a referéndum popular aprobatorio, siendo uno de sus pretendidos nuevos paradigmas la supuesta sustitución del tradicional modelo democrático representativo, por un sistema de democracia participativa[23] "*y protagónica*" (Preámbulo: "*establecer una sociedad democrática, participativa y protagónica*").

Con esta Constitución, Venezuela de adscribe claramente, al menos desde una insuficiente y lastimosa perspectiva meramente formal, al neoconstitucionalismo, y explícitamente adopta un Estado Constitucional y Democrático de Derecho[24].

De ese modo, este nuevo texto constitucional, como ya lo expusimos, abunda en dispositivos que hacen referencia al derecho humano a la participación, tanto política como ciudadana, dentro de una gran y sospechosa retórica.

Ahora bien, recordemos, una rápida revista de la Constitución nos pone en evidencia la previsión del derecho humano a la parti-

---

[23]   Fernando Flores Giménez. "La Participación Ciudadana en la Constitución de 1999" (p. 75): "...en la nueva Constitución la participación viene ubicada en el centro mismo del sistema, sistema que se ha denominado expresamente por sus impulsores como democracia participativa...reflejar la respuesta social a la deslegitimación del sistema representativo y de sus actores principales, los partidos políticos...".

[24]   Yusby Méndez-Apolinar, "La Obligación Ciudadana de Participación en los Asuntos Públicos, como Expresión de la Cultura Democrática (una breve reflexión)" (p. 432): "*...es innegable que una de las innovaciones importantes de la vigente Constitución, sea precisamente la declaratoria directa, expresa y formal de la participación de los ciudadanos en los asuntos públicos, como uno de los derechos políticos; lo cual representa un avance considerable dentro del constitucionalismo moderno...*".

cipación ciudadana, en diversos dispositivos, dentro de los cuales destaca el artículo 5, norma explícitamente atributiva de la titularidad de la soberanía, en el cual se hacen cohabitar, como no puede ser de otra forma (y por primera vez de esa manera inconfundible en la historia constitucional venezolana), los sistemas democráticos representativo o indirecto y participativo o semidirecto:

"La soberanía reside intransferiblemente en el pueblo, quien la ejerce directamente en la forma prevista en esta Constitución y en la ley, e indirectamente, mediante el sufragio, por los órganos que ejercen el Poder Público".

Del mismo modo, el artículo 6 consagra el carácter participativo del gobierno; los artículos 28 y 143 reconocen el derecho a la información (habeas data) y el derecho de acceso a los documentos administrativos, presupuesta garantía del derecho a la participación; el artículo 51 descolla el derecho de petición y obtención de oportuna y adecuada respuesta; el artículo 52 establece el derecho a asociarse con fines lícitos, herramienta fundamental de la participación ciudadana, y que no puede verse separado del artículo 118, que obliga al Estado a promover y proteger las asociaciones solidarias, corporaciones y cooperativas, en todas sus formas, incluyendo las de carácter financiero, las cajas de ahorro, microempresas, empresas comunitarias y demás formas asociativas destinadas a mejorar la economía popular; y, varias normas que prevén la participación ciudadana en los programas de prevención, seguridad ciudadana y administración de emergencias (artículo 55); la participación de las familias y la sociedad para la inserción productiva de la juventud (artículo 79); la participación de las familias y la sociedad en cuanto a la protección de los derechos de los ancianos y ancianas (artículo 80); la participación de las familias y la sociedad para el goce de los derechos de las personas con discapacidad o necesidades especiales (artículo 81); la participación para la promoción y defensa de la salud (artículo 83); un sistema de seguridad social participativo (artículo 86); el derecho a la cultura, que incluye el derecho a la participación en el patrimonio cultural (artículo 99); la participación de las familias y la sociedad para promover la educación dentro de una sociedad democrática basada en la participación activa (artículo 102); la participación de los pueblos indígenas para la demarcación de sus tierras (artículo 119); la consulta de los pueblos indígenas para la explotación de los recursos naturales en sus tierras (artículo 120); la participación de la sociedad para la protección del ambiente (artículo 127); la consulta y participación ciudadana en la política de ordenación del territorio (artículo 128); el deber de participar solidariamente en la vida política, civil y comunitaria del país, promoviendo y defendiendo los derechos humanos como fundamento de la convivencia democrática y de la paz social (artículo 132); una Administración Pública al servicio de los ciudadanos y ciudadanas, fundamentada en el principio de participación (artículo 141); y, una planificación estratégica de la economía, democrática participativa y de consulta abierta (artículo 299).

Por otra parte, los artículos 62 y 70 disponen que:

"Todos los ciudadanos y ciudadanas tienen el derecho de participar libremente en los asuntos públicos, directamente o por medio de sus representantes elegidos o elegidas.

La participación del pueblo en la formación, ejecución y control de la gestión pública es el medio necesario para lograr el protagonismo que garantice su completo desarrollo, tanto individual como colectivo. Es obligación del Estado y deber de la sociedad facilitar la generación de las condiciones más favorables para su práctica". Y,

"Son medios de participación y protagonismo del pueblo en ejercicio de su soberanía, en lo político: la elección de cargos públicos, el referendo, la consulta popular, la revocatoria del mandato, la iniciativa legislativa, constitucional y constituyente, el cabildo abierto y la asamblea de ciudadanos y ciudadanas cuyas decisiones serán de carácter vinculante, entre otros; y en lo social y económico, las instancias de atención ciudadana, la autogestión, la cogestión, las cooperativas en todas sus formas incluyendo las de carácter financiero, las cajas de ahorro, la empresa comunitaria y demás formas asociativas guiadas por los valores de la mutua cooperación y la solidaridad.

La ley establecerá las condiciones para el efectivo funcionamiento de los medios de participación previstos en este artículo".

Mientras que los artículos 71 a 74 regulan el referéndum consultivo, el referéndum revocatorio, el referéndum aprobatorio y el referéndum abrogatorio.

Pero el constituyente fue más lejos y concibió la participación, bajo la idea de solidaridad (fraternidad diría el revolucionario francés del Siglo XVIII), al disponer en el artículo 132 un trascendental deber:

"Toda persona tiene el deber de cumplir sus responsabilidades sociales y participar solidariamente en la vida política, civil y comunitaria del país, promoviendo y defendiendo los derechos humanos como fundamento de la convivencia democrática y de la paz social".

Finalmente, paradójicamente (frente a lo que ha venido sucediendo en el plano normativo subconstitucional), se puede apreciar que el constituyente no solamente ratificó la vocación históricamente federal del país, sino que vinculó la federación al fenómeno necesario para una verdadera participación[25], de la descentralización política y administrativa, al consagrar lo siguiente en el artículo 4:

"La República Bolivariana de Venezuela es un Estado Federal descentralizado en los términos consagrados por esta Constitución, y se rige por los principios de integridad territorial, cooperación, solidaridad, concurrencia y corresponsabilidad".

Además, también encontramos en los artículos 39 y 64, normas identificativas de la titularidad del derecho al sufragio, dentro del más amplio concepto interno del principio de universalidad, como sigue:

"Los venezolanos y venezolanas que no estén sujetos o sujetas a inhabilitación política ni a interdicción civil, y en las condiciones de edad previstas en esta Constitución, ejercen la ciudadanía y, en consecuencia, son titulares de derechos y deberes políticos de acuerdo con esta Constitución". Y,

"Son electores o electoras todos los venezolanos y venezolanas que hayan cumplido dieciocho años de edad y que no estén sujetos a interdicción civil o inhabilitación política.

El voto para las elecciones municipales y parroquiales y estadales se hará extensivo a los extranjeros o extranjeras que hayan cumplido dieciocho años de edad, con más de diez años de residencia en el país, con las limitaciones establecidas en esta Constitución y en la ley, y que no estén sujetos a interdicción civil o inhabilitación política".

---

[25] María Milagros Matheus Inciarte, Eduviges Morales Villalobos y María Elena Romero Ríos, "Federalismo Descentralizado-Cooperativo: Institucionalización y Operatividad" (p. 169): *"El federalismo es un sistema asumido a nivel mundial como eficiente para fortalecer los sistemas democráticos, pues está permanentemente buscando un mayor acercamiento entre el Gobierno y el ciudadano".*

Empero, sin duda, el más relevante dispositivo de la nueva Constitución, formalmente vigente (pero sociológicamente discutible su imperio jurídico), desde nuestra aproximación investigativa, es el artículo 62, particularmente al consagrar con semejante investidura y de manera expresa la idea del derecho humano a la participación ciudadana:

"Todos los ciudadanos y ciudadanas tienen el derecho de participar libremente en los asuntos públicos, directamente o por medio de sus representantes elegidos o elegidas.

La participación del pueblo en la formación, ejecución y control de la gestión pública es el medio necesario para lograr el protagonismo que garantice su completo desarrollo, tanto individual como colectivo. Es obligación del Estado y deber de la sociedad facilitar la generación de las condiciones más favorables para su práctica".

Este es, pues, el proceso evolutivo experimentado por el principio de soberanía popular en el constitucionalismo venezolano, que lo llevó desde una idea propia de la democracia censitaria, en su origen claramente libertario, en una constante ampliación conceptual, caracterizada por la indetenible progresividad, hasta arribar, de la mano del principio democrático, y en el ámbito de un Estado Social y Democrático de Derecho, a su universalización, con la consagración del Derecho Humano a la Participación Ciudadana.

Se pasa así del gran logro histórico constitutivo de la democracia representativa, a su perfeccionamiento y complementación, por la instauración de la democracia participativa, la cual consiste en el ejercicio de la soberanía popular, no solamente a través de representantes escogidos por el cuerpo electoral, sino adicionalmente por los mismos ciudadanos sin ningún intermediario, mediando la atribución al pueblo de poderes de decisión, al menos sobre determinadas cuestiones[26].

---

[26] Josep Mª· Castellá Andreu, "Los Derechos Constitucionales de Participación Política en la Administración Pública (un estudio del artículo 105 de la Constitución)" (p. 62).

SEGUNDA PARTE:

EL CONTENIDO ESENCIAL DEL DERECHO HUMANO A LA PARTICIPACIÓN CIUDADANA Y SU VULNERACIÓN POR RESTRICCIONES INDEBIDAS

CAPÍTULO I:
EL CONTENIDO ESENCIAL[48] DEL DERECHO HUMANO A LA PARTICIPACIÓN CIUDADANA

Antes de emprender el estudio del contenido esencial del Derecho Humano a la Participación Ciudadana, habiendo ya constatado su previsión al nivel interno constitucional, sin perjuicio de la interdependencia con otros derechos humanos universalmente establecidos, como los de igualdad, asociación e información, pasemos ahora revista a trascendentes documentos jurídicos internacionales que lo contemplan, de modo de no perder de vista su indudable consagración y reconocimiento explícito, al más alto nivel, es decir, en el interés de la humanidad.

Desde esta perspectiva, nos encontramos con las siguientes regulaciones normativas internacionales:

Artículo 27.1 de la Declaración Universal de los Derechos Humanos[49]:

---

[48] Jesús María Casal H., "Los Derechos Fundamentales y sus Restricciones" (p. 277): "*...el contenido esencial se erige, desde la óptica de las teorías que le reconocen un alcance jurídico específico, en una última barrera de las libertades constitucionalmente protegidas que en ninguna circunstancia puede ser sobrepasada por el legislador*". (p. 287): "*La referencia a una esencia intocable de cada derecho rinde tributo a la máxima de que el legislador está facultado para regular mas no para suprimir los derechos constitucionales. El legislador no es dueño de los derechos ni la validez de éstos se supedita a su desarrollo legislativo, de manera que, al admitirse su potestad de imponerles restricciones, con base en la Constitución, surge la necesidad de dejar a salvo una parte del derecho subsistente a la tarea normativa que aquél desempeña. Sería un contrasentido permitir que las leyes restrictivas reduzcan a cero los derechos constitucionalmente asegurados y la categoría del contenido esencial sirve al objetivo de colocar frente al legislador in lindero infranqueable*".

[49] http://www.un.org/es/documents/udhr/index_print.shtml

"Toda persona tiene derecho a tomar parte libremente en la vida cultural de la comunidad, a gozar de las artes y a participar en el progreso científico y en los beneficios que de él resulten".

Artículos XIII y XX de la Declaración Americana de los Derechos y Deberes del Hombre[50]:

"Toda persona tiene el derecho de participar en la vida cultural de la comunidad, gozar de las artes y disfrutar de los beneficios que resulten de los progresos intelectuales y especialmente de los descubrimientos científicos".

"Toda persona, legalmente capacitada, tiene el derecho de tomar parte en el gobierno de su país, directamente o por medio de sus representantes, y de participar en las elecciones populares, que serán de voto secreto, genuinas, periódicas y libres".

Artículo 25.a del Pacto Internacional de los Derechos Civiles y Políticos[51]:

"Todos los ciudadanos gozarán, sin ninguna de las distinciones mencionadas en el artículo 2, y sin restricciones indebidas, de los siguientes derechos y oportunidades:

a) Participar en la dirección de los asuntos públicos, directamente o por medio de representantes libremente elegidos".

Artículo 15.1.a del Pacto Internacional de los Derechos Económicos, Sociales y Culturales[52]:

"1. Los Estados Partes en el presente Pacto reconocen el derecho de toda persona a:

a) Participar en la vida cultural".

Artículo 23.1.a de la Convención Americana sobre Derechos Humanos[53]:

---

50   http://www.oas.org/es/cidh/mandato/Basicos/declaracion.asp

51   http://www.ohchr.org/SP/ProfessionalInterest/Pages/CCPR.aspx

52   http://www.ohchr.org/SP/ProfessionalInterest/Pages/CESCR.aspx

53   http://www.oas.org/dil/esp/tratados_B-32_Convencion_Americana_sobre
      _Derechos_Humanos.htm

"Todos los ciudadanos deben gozar de los siguientes derechos y oportunidades:

a) de participar en la dirección de los asuntos públicos, directamente o por medio de representantes libremente elegidos".

Artículo 6 de la Carta Democrática Interamericana[54]:

"La participación de la ciudadanía en las decisiones relativas a su propio desarrollo es un derecho y una responsabilidad. Es también una condición necesaria para el pleno y efectivo ejercicio de la democracia. Promover y fomentar diversas formas de participación fortalece la democracia".

Artículo 7.b y c de la Convención sobre la Eliminación de Todas las Formas de Discriminación contra la Mujer[55]:

"Los Estados Partes tomarán todas las medidas apropiadas para eliminar la discriminación contra la mujer en la vida política y pública del país y, en particular, garantizando, en igualdad de condiciones con los hombres el derecho a:

b) Participar en la formulación de las políticas gubernamentales y en la ejecución de éstas, y ocupar cargos públicos y ejercer todas las funciones públicas en todos los planos gubernamentales;

c) Participar en organizaciones y asociaciones no gubernamentales que se ocupen de la vida pública y política del país".

Finalmente, y sin perjuicio de muchas otras declaraciones internacionales y tratados, pactos, protocolos, convenciones o convenios internacionales, a escala universal y regional, que en forma general o específica tocan la materia, es interesante citar el Convenio sobre el Acceso a la Información, la Participación del Público en la Toma de Decisiones y el Acceso a la Justicia en Materia de Medio Ambiente[56], conocido como Convenio de Aarhus, el cual prevé y regula la obligación de los Estados Parte, del continente europeo, de establecer todo tipo de mecanismos tendentes a promover y garantizar el ejercicio efectivo de los derechos a la información públi-

---

54   http://www.oas.org/charter/docs_es/resolucion1_es.htm

55   http://www.un.org/womenwatch/daw/cedaw/text/sconvention.htm

56   http://www.mediterranea.org/cae/aarhus_convenio.htm

ca y a la participación, en total relación de interdependencia el derecho a un ambiente sano, con fundamento en motivaciones de las que se extraen las siguientes:

"Reconociendo también que toda persona tiene el derecho a vivir en un medio ambiente que le permita garantizar su salud y su bienestar, y el deber, tanto individualmente como en asociación con otros, de proteger y mejorar el medio ambiente en interés de las generaciones presentes y futuras,

Considerando que para estar en condiciones de hacer valer este derecho y de cumplir con ese deber, los ciudadanos deben tener acceso a la información, estar facultados para participar en la toma de decisiones y tener acceso a la justicia en materia medioambiental, y reconociendo a este respecto que los ciudadanos pueden necesitar asistencia para ejercer sus derechos".

Ahora bien, más que hablar, en general, del contenido sin más del Derecho Humano a la Participación Ciudadana, nos interesa hurgar en lo que se conoce en doctrina especializada en derechos humanos, como el contenido esencial.

En este orden de ideas, sin embargo, sólo para tenerlo fresco, recordemos antes de empezar ese contenido genérico, siguiendo a la profesora administrativista Hildegard Rondón de Sansó, como se expresa a continuación:

"Del análisis que antecede, se pone de manifiesto el contenido múltiple de la noción de participación, que podemos resumir en la siguiente forma:

1. *Como derecho de los ciudadanos a ser agentes de las decisiones públicas más relevantes (referéndum).*

2. *Presencia de la sociedad civil en los organismos consultivos o decisorios del Estado.*

3. *En la facultad de la comunidad de revocar la titularidad de determinados cargos electivos y, asimismo de abrogar las normas jurídicas que se consideran contrarias a las bases constitucionales.*

4. *Finalmente, como sinónimo de gobierno pluralista, esto es, integrado por los diferentes sectores que operan en la sociedad.*

Ahora bien, el sentido que hemos señalado como relevante de la actuación de la sociedad civil es el que alude a la misma como grupo cuestionador de las actuaciones de los poderes públicos..."[57].

Entrando, pues, en materia, tenemos que en el derecho interno venezolano la idea de la garantía del contenido esencial o núcleo duro de los derechos humanos no se encuentra en el derecho positivo, por lo que su incorporación al análisis jurídico deviene de las labores doctrinaria y jurisprudencial[58], estando netamente claro que se trata de un texto constitucional evidentemente cimentado en el neoconstitucionalismo alexyano y ferrajoliano, si se nos permiten estas expresiones, bajo las ideas interpretativo valorativas de un Estado Constitucional (y no meramente Legal) de Derecho. Así, de manera aún todavía no totalmente acabada, comienza a aparecer en sentencias, como la dictada bajo el número 906, por la Sala Constitucional del Tribunal Supremo de Justicia, el 1 de junio de 2001[59], donde se afirma lo siguiente:

"...las limitaciones que establezca la propia Constitución y las leyes de un derecho fundamental no implican en modo alguno que el mismo se haga nugatorio o que sea infringido, toda vez que para que exista tal menoscabo, debe verse afectado el núcleo esencial del derecho constitucional que se denuncia vulnerado, esto es, su contenido esencial como las características mínimas que lo consagran como derecho fundamental, y no el ejercicio de sus diversas manifestaciones".

---

[57] Hildegard Rondón de Sansó, *"Las Transformaciones Fundamentales en la Organización y Dinámica del Estado derivadas de la Constitución de 1999"* (p. 641).

[58] Igual se aprecia en el derecho comparado, como cuando el autor español Josep Ma. Castellá Andreu, *opus cit.* (p. 174), expresa: *"En última instancia, el contenido constitucional de los derechos viene determinado por el Supremo intérprete de la Constitución a partir de lo que preceptúa la Ley fundamental, y de las concepciones sobre el derecho que se han ido elaborando a lo largo del tiempo, y que permiten integrar elementos de la realidad –jurídica, cultural y social–. De cada momento en el mismo contenido...".*

Igualmente, los autores peruanos Marcial Rubio Correa, Francisco Eguiguren Praeli y Enrique Bernales Ballesteros, "Los Derechos Fundamentales en la Jurisprudencia del Tribunal Constitucional" (pp. 22 y 23): "Este contenido es la esencia de cada derecho fundamental, su contenido irreductible. El Tribunal dice que el legislador no puede disponer de él, lo que significa que no podrá dictar leyes que lo recorten y, si lo hace, dichas normas no serán aplicadas y podrán ser declaradas ineficaces a través de los procesos constitucionales".

[59] http://www.tsj.gov.ve/decisiones/scon/junio/906-010601-00-2129.HTM

En el sistema interamericano de protección de los derechos humanos se ha tratado el tema, no específicamente mencionado en la Convención Americana sobre Derechos Humanos, tangencialmente, en sendas Opiniones Consultivas de la Corte Interamericana de Derechos Humanos, que serán objeto de comentarios más adelante, con los números OC-5/85 y OC-6/86, en las que se deja establecido que los derechos humanos puedes ser objeto de desarrollo legislativo, siempre que ello no implique "desnaturalizarlo o privarlo de contenido real" o "su supresión".

En el ámbito del sistema europeo de protección de los derechos humanos, en cambio, nos topamos por ejemplo con explícita mención en la Carta de los Derechos Fundamentales de la Unión Europea[60], en cuyo artículo 52.1 se estatuye que:

"Cualquier limitación del ejercicio de los derechos y libertades reconocidos por la presente Carta deberá ser establecida por la ley y respetar el contenido esencial de dichos derechos y libertades. Sólo se podrán introducir limitaciones, respetando el principio de proporcionalidad, cuando sean necesarias y respondan efectivamente a objetivos de interés general reconocidos por la Unión o a la necesidad de protección de los derechos y libertades de los demás".

Una buena aproximación a la idea en estudio la conseguimos en la sentencia número 11/1981, dictada por el Tribunal Constitucional español, el 8 de abril de 1981[61], en cuyo FJ 8 se lee:

"Se puede entonces hablar de una esencialidad del contenido del derecho para hacer referencia a aquella parte del contenido del derecho que es absolutamente necesaria para que los intereses jurídicamente protegibles, que dan vida al derecho, resulten real, concreta y efectivamente protegidos. De este modo, se rebasa o se desconoce el contenido esencial cuando el derecho queda sometido a limitaciones que lo hacen impracticable, lo dificultan más allá de lo razonable o lo despojan de la necesaria protección".

Sección Primera: La Persona Humana: de Súbdito a Ciudadano.

Para que las nuevas normativas consagradas en constituciones y leyes de avanzada, que propugnan la participación de la gente,

---

60   http://www.europarl.europa.eu/charter/pdf/text_es.pdf
61   http://hj.tribunalconstitucional.es/HJ/fr/Resolucion/Show/11

no se queden en letra bonita pero muerta, es menester que se sobrepasen problemas actitudinales de los individuos (que Erick Fromm identificó de forma excelente en su libro *"El Miedo a la Libertad"*), de modo que la gente, con un poco más de amor propio y autoconfianza en sus propias potencialidades, venza el complejo mesiánico[62], fantasía colectiva nefasta y autodestructiva, alimentada por el populismo, de modo que se desmantele la fatal dependencia, incluso mental y espiritual, del gobernado frente al gobernante, destruyendo las bases del denominado "Estado Paternalista"[63], en cuyas garras queda atrapada la gente, no importa que la normativa nominalmente consagre el derecho de todos a participar, a la espera de que el (seudo) *"líder"* (o *"mesías"*) de turno marque las pautas, renunciando a su creatividad[64] y a su querer propios, para adoptar comportamientos logrados mediante reflejos condicionados al mejor estilo del científico ruso Iván Pavlov (padre de la psicología conductista), determinado por golpes eléctricos o por dulces, según las circunstancias sean juzgadas favorables o no a sus mezquinos intereses.

La superación de esquemas exclusivamente representativos, por las sociedades democráticas modernas, en donde también se dejan atrás la visión paternalista del Estado y los nefastos y populistas liderazgos mesiánicos (del nacional socialismo, del fascismo,

---

[62] Raúl Mora Nava, "Las consultas y audiencias públicas como mecanismos de participación ciudadana y control social en la actividad normativa de la Administración Pública venezolana" (p. 489): *"Lo más importante de esta tendencia a la participación ciudadana es recobrar la confianza en la democracia como forma de gobierno frente a las soluciones mesiánicas y, tradicionalmente, autoritarias"*.

[63] César Romero, "Revolución Bolivariana (1998 – 2012): Proceso con momentos progresivos enterrado por la Vieja Izquierda del Socialismo Real" (p. 83): *"Toda esta cultura alienada fundamentada en frases heroicas caracterizadas por haberse expresado en contextos y realidades completamente distintas dio paso a la instalación de una serie de prácticas viciadas de la izquierda atrasada: … Paternalista. Los recursos extraídos deben ser proveídos por el estado. La población debe limitarse a recibir cosas, no a participar y vincularse en decisiones"*.

[64] Armando Rodríguez García, "Ciudad y Gobierno Local: Riesgos, desafíos y fortalezas" (p. 50): *"Vivir en una gran ciudad, en una ciudad intermedia, o un pequeño poblado que, en cualquier caso, esté integrado plenamente al sistema de vida urbano, aun cuando la rutina diaria transcurra fuera del espacio marcado por las demás edificaciones, conlleva estar expuesto constantemente a experiencias extraordinarias, significa una situación de contacto permanente, a través del intercambio y la comunicación, con la radiación estimulante que proviene de la inteligencia creativa de la colectividad"*.

del comunismo y de otros regímenes totalitarios), conlleva a la instalación, sin renunciar obviamente a los indefectibles mecanismos representativos (resultantes de los cargos de elección popular, tales como la Presidencia de la República y las Diputaciones en la Asamblea Nacional), de esquemas en grado diverso de democracia participativa o semidirecta[65], pues no se llega propiamente a la democracia directa, en donde se ganan espacios cada vez mayores para el ejercicio pleno de la ciudadanía, en ámbitos de corresponsabilidad social y de real legitimación del poder político constituido, mediando la intervención efectiva de la "persona común" en los procedimientos de toma, ejecución y supervisión o control de decisiones públicas, en provecho de la constante mejoría de su calidad de vida cotidiana[66].

---

[65]   Leopoldo Tolivar Alas, "Principio de Participación" (p. 972): "*Se trata de manifestaciones que no son propiamente encuadrables ni en las formas de democracia representativa ni en las de democracia directa, incardinándose más bien en un tertium genus que se ha denominado democracia participativa*".

[66]   El artículo 6 de la Carta Democrática Interamericana, aprobada por unanimidad en la primera sesión plenaria de la Asamblea General de la Organización de Estados Americanos (O.E.A), el 11 de septiembre de 2001 (http:// www.oas.org/OASpage/esp/Documentos/Carta_Democratica.htm), dispone que: "*La participación de la ciudadanía en las decisiones relativas a su propio desarrollo es un derecho y una responsabilidad. Es también una condición necesaria para el pleno y efectivo ejercicio de la democracia. Promover y fomentar diversas formas de participación fortalece la democracia*".

Igualmente, su artículo 2 declara que: "El ejercicio efectivo de la democracia representativa es la base del estado de derecho y los regímenes constitucionales de los Estados Miembros de la Organización de los Estados Americanos. La democracia representativa se refuerza y profundiza con la participación permanente, ética y responsable de la ciudadanía en un marco de legalidad conforme al respectivo orden constitucional".

Estos conceptos encuentran desarrollo en la sentencia Serie C N° 127, del 23 de junio de 2005, dictada por la Corte Interamericana de los Derechos Humanos, en el caso Yatama vs. Nicaragua (http://www.corteidh.or.cr/docs /casos/articulos/seriec_127_esp.pdf).

La Resolución de la Asamblea General de la Organización de Estados Americanos (OEA) número AG/RES. 2766 (XLIII-O/13) del 5 de junio de 2013, denominada "Promoción y Fortalecimiento de la Democracia: Seguimiento de la Carta Democrática Interamericana" (http://www.oas.org/council/sp/ AG/AG43ordinaria.asp), en punto 10, la entidad acuerda: "*Reconocer el importante papel de la participación de todos los sectores de la sociedad, incluida la sociedad civil, en la consolidación de la democracia, dado que dicha participación constituye uno de los elementos vitales para el éxito de las políticas de desarrollo*".

Es pues la participación ciudadana, como derecho humano, inseparable, como todo derecho humano, de la existencia cierta de una democracia sustancial, bajo la convicción irrenunciable de que toda persona nace libre e igual (dogma pre y supraestatal liberal e iusnaturalista), acorde ello con documentos tan trascendentes como la Declaración Universal de Derechos Humanos[67] y, entre muchos otros, la Carta Democrática Interamericana[68]. El gran jurista austriaco Hans Kelsen definía el régimen democrático como la *"síntesis de los principios de libertad y de igualdad"*[69].

En este orden de ideas, es clara la vinculación irrestricta entre la vigencia efectiva de la democracia sustancial, por un lado, y por el otro, el ineluctable respeto de los derechos humanos, en recíproca interdependencia, en el entendido de que no puede haber *"Gobernanza"* o gobernabilidad democrática, si no existe real participación ciudadana, con garantía efectiva de acceso al ejercicio del poder, en condiciones de Estado Constitucional, Democrático[70] y Social[71] de Derecho, pluralismo político y alternabilidad, lo cual presupone efectiva vigencia de los derechos humanos[72].

---

[67]   Artículo 1: *"Todos los seres humanos nacen libres e iguales en dignidad y derechos y, dotados como están de razón y conciencia, deben comportarse fraternalmente los unos con los otros"*.

[68]   Artículo 2: *"El ejercicio efectivo de la democracia representativa es la base del estado de derecho y los regímenes constitucionales de los Estados Miembros de la Organización de los Estados Americanos. La democracia representativa se refuerza y profundiza con la participación permanente, ética y responsable de la ciudadanía en un marco de legalidad conforme al respectivo orden constitucional"*. http://www.oas.org /charter/docs_es/resolucion1_es.htm

[69]   Antonio Baldasarre, "Los Derechos Sociales" (p. 50).

[70]   Bartomeu Colom Pastor, "El Derecho de Petición" (p. 93): El autor se refiere a las peticiones como *"complemento del derecho de la participación"*, y expresa: *"Esta participación en la vida política, económica y social, además, ha de ser facilitada por los poderes públicos a los ciudadanos según el art. 9.2 de la norma fundamental, ya que sin duda ésta será una de las vías para establecer una sociedad democrática avanzada..."*.

Aguiar, Asdrúbal, "El Derecho a la Democracia" (p. 159): *"...dicha Carta (se refiere a la Carta Democrática Interamericana) consagra a la participación como derecho y como responsabilidad, mejor aún como condición necesaria de la democracia: a los fines de precisar que es a través de la participación y de su práctica permanente como la representación democrática adquiere y se renueva en su legitimidad y la democracia alcanza efectividad o legitimidad en su desempeño"*.

[71]   El Tribunal Constitucional español, en sus sentencias STC 18/1984, del 7 de febrero, sobre la Caja de Ahorros de Asturias (http://lawcenter.es/w/blog/

Partimos pues del más elemental concepto de democracia, propugnado por el citado insigne jurista Hans Kelsen, al afirmar que *"la democracia es el gobierno de la mayoría, con respeto de las minorías"*, en el entendido de que a quien corresponde participar es a la *"sociedad civil"*, vista como *"conjunto de organizaciones de ciudadanos capaces de influir, controlar y participar en la administración pública, en la formulación y aplicación de políticas y en su control integral"*[73], de lo

---

view/11646/sentencia-del-tribunal-constitucional-181984-de-7-de-febrero-de-1984), y STC 23/1984, del 20 de febrero, sobre el Colegio de Abogados de Oviedo (http://lawcenter.es/w/blog/view/13426/sentencia-del-tribunal-constitucional-231984-de-20-de-febrero-de-1984), al referirse al Estado Social de Derecho, indicó que: *"La nota de social, que superpone a la de democrático y de derecho, como propias de las que diseña la Constitución de 1978 es entendida por el Tribunal Constitucional como una relación directa a la participación de los ciudadanos"*.

Leopoldo Tolivar Alas, opus cit. (p. 972): En la sentencia del Tribunal Constitucional español STC 120/1990, del 27 de junio, FJ 4, como ha sido corroborado en las sentencias STC 127/2007, del 22 de mayo, y ATC 387/2008, del 15 de diciembre, en cuanto al artículo 9.2 de la Constitución española, se sostiene que: *"al encomendar a los poderes públicos promover las condiciones para que la libertad y la igualdad del individuo y de los grupos en que se integra sean reales y efectivas, remover los obstáculos que impidan o dificulten su plenitud y facilitar la participación de todos los ciudadanos en la vida política, económica, cultural y social, refleja la dimensión social del Estado de Derecho..."*.

[72] Robert Alexy, "Teoría del Discurso y Derechos Humanos" (p. 130): *"...una democracia en la que las exigencias de la racionalidad discursiva pueden realizarse aproximadamente, sólo es posible si los derechos políticos fundamentales y los derechos humanos rigen y pueden ejercitarse con suficiente igualdad de oportunidad"*.

[73] Rivas, Álex y otros, "Participación Social en el Manejo de las Áreas Protegidas" (p. 12).

La Resolución CP/RES. 759 (1217/99) del 15 de diciembre de 1999, emanada del Consejo Permanente de la Organización de Estados Americanos (OEA), contentiva de las "Directrices para la Participación de las Organizaciones de la Sociedad Civil en las Actividades de la OEA" (http://www.oas.org/36AG/español/doc_referencia/cpres759_99.pdf), en su punto 3 trae la siguiente definición: *"Se entenderá por organización de la sociedad civil toda institución, organización o entidad nacional o internacional integrada por personas naturales o jurídicas de carácter no gubernamental"*. Y en el punto 4 fija el alcance de la participación: *"Las organizaciones de la sociedad civil podrán asistir a las actividades de la OEA, hacer presentaciones, proporcionar información y, a solicitud de los órganos, organismos y entidades de la OEA, prestar asesoría especializada, de acuerdo a lo establecido en estas directrices. Asimismo, podrán participar en las actividades operacionales vinculadas con el diseño, el financiamiento y la ejecución de programas de cooperación de conformidad con las normas vigentes y los acuerdos específicos que celebren con este propósito"*.

que son ejemplo las movilizaciones asociativas[74], de modo que se produzcan decisiones participativas entre gobierno y sociedad civil[75] (es la huida libertaria de los anclajes esclavizadores de la representatividad absoluta, del liderazgo único, del monopolio partidista y del populismo con exclusión ideológica[76]). En suma, desde

---

[74] Loic Blondiaux, "Le Nouvel Esprit de la Démocratie. Actualité de la Démocratie Participative" (p. 15): *"...la participation est clairement pensé comme un instrument de contestation du système politique, dans le cadre notamment de ce que l'on appelle alors les luttes urbaines. La caractéristique première de ces expériences est d'etre portée par des mobilisations associatives..."*.

Víctor Cuesta López, "Participación Directa e Iniciativa Legislativa del Ciudadano en Democracia Constitucional" (p. 42): *"La implicación de los ciudadanos y las asociaciones de la sociedad civil en la actividad normativa del Estado será especialmente útil para ilustrar la discusión pública que precede a la adopción de una decisión por parte de los representantes políticos"*.

[75] Manuel Feo La Cruz, "La Participación de la Sociedad Civil en el Proceso de Gestión Pública. Retos y Desafíos" (p. 18): *"...se debe fomentar la participación de actores sociales, así como la descentralización política y administrativa, como elementos claves para desarrollar un proceso mucho más flexible y dinámico que permita alcanzar niveles óptimos de eficiencia y eficacia de la gestión pública..."*.

[76] El Secretariado Permanente de la Red Latinoamericana y del Caribe para la Democracia (Redlad) -http://www.redlad.org/-, cuyo Secretariado Permanente se encuentra en San José de Costa Rica, en mayo de 2012 emitió un "alerta sobre la persecución de Organizaciones de la Sociedad Civil en Venezuela", así: *"El 16 de mayo, Pedro Carreño, diputado del PSUV y Presidente de la Comisión Permanente de Contraloría de la Asamblea Nacional de Venezuela propuso se investigue a las organizaciones Transparencia Venezuela y Monitor Legislativo por estar monitoreando la gestión de las instituciones públicas. La propuesta fue aprobada por la mayoría de la coalición del gobierno en el parlamento, la cual pertenece al oficialista Partido Socialista Unido de Venezuela (PSUV). Esta es una nueva arremetida en Venezuela contra organizaciones de la sociedad civil y contra la libertad de asociación. El clima interno de desacreditación de organizaciones sociales que vive Venezuela es acompañada con estrictos controles para evitar su financiamiento, ataques permanentes, restricciones al registro de organizaciones y limitaciones a sus actividades.*

Transparencia Venezuela (capítulo venezolano de Transparencia Internacional), es una organización registrada legalmente en el país, sus informes de estados financieros se presentan de forma abierta y con base en los requerimientos establecidos por ley. En el caso de Monitor Legislativo, es una plataforma de organizaciones, académicos, periodistas independientes y activistas que buscan dar difusión al acontecer parlamentario que surge diariamente en el país.

Ambas organizaciones, se dedican a la promoción de la democracia plena, la rendición de cuentas, la transparencia en la gestión pública, acceso de la ciudadanía a la toma de decisiones, ciudadanía activa, defensa de los derechos humanos y libertades fundamentales (en particular libertad prensa, asociación y expresión). Las actividades de ambas organizaciones se han realizado siempre de acuerdo con la legislación venezo-

lana y han sido objeto de felicitaciones por parte de otras organizaciones. Transparencia Internacional, reconocida organización, ha brindado siempre su apoyo y respaldo a Transparencia Venezuela, lo cual acredita un actuar conforme a la ley.

Las organizaciones perseguidas, han manifestado su voluntad de proseguir con sus proyectos y acciones, debido a que su vocación les impide renunciar a valores e ideales en los que creen profundamente. Su único pecado pareciera el querer una Venezuela transparente, participativa y democrática.

En el caso de Transparencia Venezuela el gobierno de Venezuela ha mantenido un ataque permanente por varios años a nivel nacional e internacional, limitándole incluso la participación en la Organización de Estados Americanos (OEA) y el Mecanismo de Seguimiento de la Implementación de la Convención Interamericana contra la Corrupción (MESICIC). Lamentablemente, la OEA ha permitido esto convirtiéndose en cómplice de esta persecución.

Esta amenaza en Venezuela viola abiertamente la Resolución sobre Libertad de Asociación y reunión aprobada por la OEA en su Asamblea General de San Salvador en el año 2011. Viola el Pacto de San José y el Pacto Internacional de Derechos Civiles y Políticos.

El Secretariado Permanente de la Red Latinoamericana y del Caribe para la Democracia, plataforma de impulso a la democracia y los derechos humanos, integrada por más de 450 organizaciones de la región, Capítulo Regional del Movimiento Mundial por la Democracia (WMD) y Miembro Oficial del Foro de Sociedad Civil de la Organización de Estados Americanos:

Hace un llamado a la Asamblea Nacional de Venezuela para que detenga las pretensiones de miembros del PSUV de llevar a cabo una persecución que busca neutralizar a las organizaciones de la sociedad civil que observan y monitorean el ejercicio democrático y el respeto de los derechos humanos en Venezuela. Iniciativas como el controversial anteproyecto de Ley de la Cooperación Internacional, las leyes de contenido, las leyes de limitaciones de actividades de organizaciones de sociedad civil son y han sido intentos explícitos del gobierno del presidente Chávez para acabar con la libertad de asociación e impedir que la sociedad civil ejerza controles democráticos.

Urge a la sociedad civil venezolana, partidos políticos y ciudadanos en general, a exigir el firme respeto de los derechos a la libertad de asociación y expresión, a la vez que se dé un cese inmediato de la persecución sistemática contra organizaciones sociales emprendida por el gobierno.

Insta a los gobiernos democráticos, organizaciones internacionales, medios de comunicación masiva y personas de prestigio internacional para que difundan la triste realidad venezolana y exijan el respeto de los derechos emanados y consagrados en el Pacto Internacional de Derechos Civiles y Políticos, la Declaración sobre los Defensores de los Derechos Humanos de la Organización de las Naciones Unidas y la resolución sobre Libertad de Reunión y Asociación aprobada en 2011 en Asamblea General de la OEA.

Solicita al Relator Especial sobre Libertad de Asociación de la Organización de Naciones Unidas que inmediatamente se pronuncie.

Solicita al Secretario General de la OEA que contribuya para que se acabe la persecución a organizaciones de la sociedad civil y defensores/as de derechos humanos en las Américas.

la ciencia jurídica, es la sustitución de un ya amañado Estado Legal de Derecho, por un Estado Constitucional de Derecho, comprometido en sus interpretaciones valorativas con la justicia y el verdadero bien común.

Desde esta perspectiva, se observa que es la ciudadanía la titular del derecho humano a la participación, es ella y solo ella la democráticamente legitimada a participar en el manejo integral de la cosa pública, autogestionando, cogestionando y en algunos casos determinando la actuación del funcionariado público[77].

Finalmente, brinda su solidaridad con las organizaciones perseguidas, a las cuales manifiesta su apoyo y respaldo ante pretensiones autoritarias gubernamentales que sepultan cada vez más la débil democracia venezolana".

[77]   Antonio Baldasarre, opus cit. (p. 70): el papel de los derechos sociales "es precisamente el de regular de alguna manera determinados aspectos de las relaciones entre los grupos, en especial (pero no sólo) en el proceso de decisión: por ejemplo, a través del equilibrio de las relaciones de fuerza entre los unos y los otros (...); o por medio de la determinación de las colectividades en condiciones de representar ciertos intereses (por ejemplo, las "figuras de la participación", ..., tutela jurisdiccional del "derecho a un ambiente sano")...".

Carlos Enrique Mouriño, "Participación Ciudadana" (p. 7): "Es necesario establecer constitucionalmente como principio fundamental el derecho a la participación. La participación es un principio, primero que debe informar al Estado, como lo establece la Constitución española en su Art. 9, inciso segundo, que plantea dentro de los principios fundamentales del Estado Social Democrático, que corresponde a los Poderes Públicos, remover los obstáculos que impiden o dificulten el ejercicio de los derechos del ciudadano y facilitar la participación de todos los ciudadanos en la vida política, cultural y social; allí se abre el espectro de todos los tipos de participación. 1) Dentro de lo que es el elemento de la concepción ética y moral de la participación, tenemos que es un derecho supraconstitucional porque es inherente a la naturaleza del hombre, en virtud del carácter social que nos diferencia con los demás seres vivos; no es un derecho que pueda ser negado o condicionado por parte del Estado, son que al ser supraconstitucional y previo al Estado, evidentemente gozamos de él independientemente de su positivización o no y por tanto conforma y define la concepción del estado. 2) La participación, también, debe ser concebida como un deber del ciudadano, dentro del planteamiento democrático y la relación entre deberes y derechos; porque esencialmente el nacimiento de un derecho depende del cumplimiento del deber, porque un individuo no puede reclamar un derecho que no ejerce. 3) También, debe verse a la participación como una obligación del Estado de conceder la posibilidad al ciudadano, o como establecen los españoles, eliminar cualquier barrera o fomentar las condiciones para que el ciudadano pueda participar. Así quedó consagrado, como se afirmó supra, en el artículo 62 de la Carta Magna, donde se plasma el espíritu de la democracia participativa".

Leopoldo Tolivar Alas, opus. cit. (pp. 970 y 971): "La doctrina del TC considera que el Constituyente español ha formalizado el fenómeno participativo como un "mandato de carácter general a los poderes constituidos para que promuevan la par-

Así, cuando se habla de participación ciudadana, de participación comunitaria, de participación vecinal, de participación de la gente, en forma sectorial de participación de los trabajadores, de los campesinos, de los indígenas, de los afrodescendientes, de las mujeres, de los jóvenes, de los estudiantes, de los ancianos (o mejor de personas de la tercera edad), de las personas con discapacidades (o mejor de personas con capacidades diferentes o con necesidades especiales), y, entre otras expresiones, hasta de participación popular, en nuestra legislación venezolana, y también cuando en ella se expresa la idea de una Administración Pública al servicio de los ciudadanos y ciudadanas, de las comunidades, de los particulares, de las personas o del pueblo, salvaguardándose igualmente los conceptos de consumidores, de usuarios, de habitantes, de vecinos, de pobladores, de administrados y hasta de contribuyentes, lo que se quiere significar, incluso al referirse a que la soberanía recae en el pueblo, es que es la ciudadanía, con toda la carga de corresponsabilidad y solidaridad (fraternidad) que le asigna la Constitución venezolana de 1999, la llamada a participar y, para ello, a encontrar una Administración Pública efectivamente a su servicio, y principistamente transparente, eficaz, eficiente, oportuna, de buena fe, generadora de legítima confianza, rendidora de cuentas, promovedora y respetuosa de la participación ciudadana, y todo en provecho de la mejoría constante de su calidad de vida cotidiana[78] o, si se quiere, de su permanente conquista de la *"mayor suma de felicidad posible"* (Simón Bolívar).

Conviene entonces tener presente la idea de ciudadanía[79] que nos acompaña en esta investigación, siendo que, de conformidad con lo previsto en el artículo 141 de la Constitución:

---

ticipación en distintos ámbitos" (artículos 9.2 y 48 CE) y como un verdadero derecho subjetivo (así, por ejemplo, artículos 27.5 y 7, 105 y 125 CE).

Existe, al menos, un derecho de participación política (art. 23 CE); un derecho de participación en la Administración Pública (artículos 105 a) y 140 CE) y un derecho de participación en los ámbitos económico, social y cultural (arts. 48, 50.2, 129, 131.2 CE)".

[78] Luis Guillermo Palacios Sanabria, *"Justicia Constitucional en la Democracia Asociativa y Deliberativa"* (p. 1.896): *"...La condición ciudadana, implica per se la vinculación o asociación de pleno derecho a la gestión de los intereses públicos".*

[79] Armando Rodríguez García, *opus cit.* (p. 53): *"De su parte, el espacio de lo político, no solo permite sino que convoca y hasta demanda la puesta en prácticas de un protocolo de participación ciudadana abierto, intenso, extenso, continuo y estable, porque su efecto en este caso, no es el que atiende a la eficiencia de la gestión -...- sino*

"La Administración Pública está al servicio de los ciudadanos y ciudadanas".

Esta condición ciudadana, dentro del espíritu constitucional, plena de dignidad al ser humano, pues mientras todas las personas, acorde con los principios generales del derecho de los derechos humanos, sin distingo alguno, son beneficiarias de todos y cada uno de los derechos civiles, de los derechos políticos (con algunas restricciones general y comparativamente aceptadas en casos de extranjería), y de los derechos sociales, económicos, ambientales y culturales, sucede que los ciudadanos, para ser tal cosa, han de ir más lejos, en cuanto concierne a sus deberes y obligaciones constitucionales, ser solidarios con los demás integrantes de la sociedad civil, asumir sus cuotas respectivas de corresponsabilidad social y, en definitiva, participar activa y proactivamente en todo en cuanto concierna a la mejoría de la calidad de vida en sociedad[80].

Si bien la Constitución no abandona del todo la noción tradicional o arcaica y limitada de "ciudadano", que lo asimila(ba) al mero titular de derechos políticos plenos, confundiéndolo con nacional plenamente capaz en derecho, el texto fundamental no se queda allí y va más lejos en el resto de sus previsiones, ameritándose una interpretación sistemática de sus postulados, a la hora de edificar un ser humano solidario, titular sí de los derechos humanos esenciales, pero sobre todo útil a la sociedad donde se desen-

---

a la producción de legitimidad en la plataforma de intercambio propia del tejido social y su desenvolvimiento funcional, en el espacio de convivencia, de vida colectiva, que se legitima más clara y profundamente con la apertura de oportunidades para la expresión de las expectativas, posiciones y propuestas de todos, a partir de lo cual se cumple con mayor pulcritud e intensidad con los valores de la democracia, pero básicamente, con el principio de respeto a las posiciones minoritarias, como expresión y garantía de civilidad".

[80] Henrique Meier. "El Estado Democrático de los Derechos Humanos: Único Modelo Legítimo de Organización de las Relaciones de Poder para el Hemisferio Americano", en *Tendencias Actuales del Derecho Constitucional. Homenaje a Jesús María Casal Montbrun*, Tomo I, UCV y UCAB, Caracas, 2007 (p. 118): *"...la gobernabilidad democrática (democracia sustancial y no meramente formal)esta inexorablemente asociada a la inviolabilidad de la dignidad fundamental de la persona humana, al respeto y garantía de los derechos de la libertad-autonomía y de la libertad-participación, y a la satisfacción oportuna y progresiva de las necesidades vitales de las personas en que consiste el objeto de los denominados derechos de "prestación" o de "procura existencial" (sociales, económicos, culturales y ambientales)".*

vuelve (bajo la idea de residencia)[81], con independencia de su nacionalidad[82] (y hasta del estatus legal o no de su condición de migrante).

Sin duda estos son postulados que encuentran su germen en el texto que ha sido considerado como fundador de las teorías contemporáneas de la democracia participativa, escrito por Carole Pateman en 1970: "Participation and Democratic Theory".

Diversos son los dispositivos constitucionales que respaldan esta interpretación valorativa *"pro cives"*[83] o *"pro homine"*[84], conse-

---

[81] Jacques Ion. "S'engager dans une société d'individus" (pp. 8 y 9): *"L'ambiguité meme de la notion de citoyenneté aujourd'hui est d'ailleurs révélatrice. Hier presque exclusivement cantonnée dans un vision juridique exprimant les droits et devoirs attachés à la nationalité (...), la notion tend de plus en plus à etre employée pour recouvrir des comportements tres divers, comme si la définition initiale en pouvait plus suffire.*

...La citoyenneté devient alors davantage un idéal a contenu variable...Elle n'est plus réductible à un statut, elle est également une exigence, un souhait: c'est en son nom par exemple qu'on revendique alors la nonconfiscation de la parole des habitants entre deux élections locales, ou qu'on valorise des pratiques tournées vers autrui, ou vers le respect de l'environnement ou favorisant la prise en charge collective d'un probleme, bref qu'on exhausse tel ou tel comportement individuel, telle ou telle modalité de participation aux affaires publiques...".

[82] Anicet Le Pors, "La Citoyenneté" (p. 109): *"La nationalité n'entraine pas la citoyenneté, bien qu'elle soit généralement déterminante de son existence; mais l'inverse est également vrai: la citoyenneté n'est pas dans une relation biunivoque avec la nationalité. Ainsi, l'Américain T. Paine et l'Allemand A. Cloots -qui se proclamait "citoyen de l'humanité"- furent reconnus citoyens français et députés à la Convention. Apres avoir participé à la guerre de 1870 aux cotés de la France, l'Italian Garibaldi fut élu député dans quatre départements français. La citoyenneté et la nationalité sont d'autant plus aisément admises que le moment historique est intense et traduit une communauté d'idéaux et de démarches de ses acteurs, nationaux et étrangers".*

[83] Román J. Duque Corredor, "Temario de Derecho Constitucional y Derecho Público" (p. 107): *"...el principio rector de la Constitución, que establece que en todo caso la norma más favorable a los derechos humanos debe prevalecer sobre la más restrictiva, y que debe respetarse su prevalencia en los casos de interpretación de normas relativas a los derechos humanos; es decir, el principio "pro ciudadano" y "no pro-Estado" ";* (p. 120): *"...los textos de sus normas que consagran derechos o garantías, para darles normatividad, han de interpretarse axiológicamente en beneficio del ciudadano y no a favor del Estado...se trata de un medio de interpretación pro ciudadano...".*

[84] Germán Bidart Campos, *Tratado Elemental de Derecho Constitucional Argentino* (p. 388): *"El principio "pro homine" coordinado con el "pro libertatis" indica que el intérprete y el operador han de buscar y aplicar la norma que en cada caso resulte*

cuencia del más amplio *"in dubio pro libertas"* y del principio del *"favor libertatis"*, como piedras angulares de un moderno Estado Constitucional y Democrático de Derecho, consideración aparte de los aportes de la mejor doctrina especializada (alexyana, ferrajoliana y dworkiniana), dentro de los cuales, solo a título ilustrativo, se destacan los artículos 62, 102 y 135:

"Todos los ciudadanos y ciudadanas tienen el derecho de participar libremente en los asuntos públicos, directamente o por medio de sus representantes elegidos o elegidas.

La participación del pueblo en la formación, ejecución y control de la gestión pública es el medio necesario para lograr el protagonismo que garantice su completo desarrollo, tanto individual como colectivo. Es obligación del Estado y deber de la sociedad facilitar la generación de las condiciones más favorables para su práctica".

"La educación es un derecho humano y un deber social fundamental, es democrática, gratuita y obligatoria. El Estado la asumirá como función indeclinable y de máximo interés en todos sus niveles y modalidades, y como instrumento del conocimiento científico, humanístico y tecnológico al servicio de la sociedad. La educación es un servicio público y está fundamentado en el respeto a todas las corrientes del pensamiento, con la finalidad de desarrollar el potencial creativo de cada ser humano y el pleno ejercicio de su personalidad en una sociedad democrática basada en la valoración ética del trabajo y en la participación activa, consciente y solidaria en los procesos de transformación social consustanciados con los valores de la identidad nacional, y con una visión latinoamericana y universal. El Estado, con la participación de las familias y la sociedad, promoverá el proceso de educación ciudadana de acuerdo con los principios contenidos de esta Constitución y en la ley". Y,

"Las obligaciones que correspondan al Estado, conforme a esta Constitución y a la ley, en cumplimiento de los fines del bienestar social general, no excluyen las que, en virtud de la solidaridad y responsabilidad social y asistencia humanitaria, correspondan a los particulares según su capacidad".

---

más favorable para la persona humana y para su libertad y sus derechos, cualquiera sea la fuente que suministre esa norma –interna o internacional-".

En este orden de ideas, entendiendo la interrelación estrecha entre las personas, por un lado, y la cosa pública o el Estado, por el otro lado, con los valores de solidaridad y corresponsabilidad social, aunados a los principios para el pleno disfrute del derecho al libre desarrollo de la personalidad, en provecho de la calidad de la vida (individual y colectiva) a ser todos transmitidos por la familia[85] y reforzados por el sistema educativo[86], se puede comprender que el llamado constitucional es hacia la instauración de vinculaciones instrumentales nuevas y útiles, entre la Administración Pública y los ciudadanos y ciudadanas, participativos y protagónicos, como figura exponencial del colectivismo pregonado, y no de las personas, sin más, como simples ejemplares de la especie humana[87].

---

[85] Artículo 75 de la Constitución de 1999: *"El Estado protegerá a las familias como asociación natural de la sociedad y como el espacio fundamental para el desarrollo integral de las personas. Las relaciones familiares se basan en la igualdad de derechos y deberes, la solidaridad, el esfuerzo común, la comprensión mutua y el respeto recíproco entre sus integrantes"*.

[86] Artículo 102 de la Constitución de 1999: *"La educación es un derecho humano y un deber social fundamental, es democrática, gratuita y obligatoria. El Estado la asumirá como función indeclinable y de máximo interés en todos sus niveles y modalidades, y como instrumento del conocimiento científico, humanístico y tecnológico al servicio de la sociedad. La educación es un servicio público y está fundamentado en el respeto a todas las corrientes del pensamiento, con la finalidad de desarrollar el potencial creativo de cada ser humano y el pleno ejercicio de su personalidad en una sociedad democrática basada en la valoración ética del trabajo y en la participación activa, consciente y solidaria en los procesos de transformación social consustanciados con los valores de la identidad nacional, y con una visión latinoamericana y universal. El Estado, con la participación de las familias y la sociedad, promoverá el proceso de educación ciudadana de acuerdo con los principios contenidos de esta Constitución y en la ley"*.

[87] Humberto Maturana, "Transformación en la Convivencia" (p. 147): *"Educar es crear, realizar, y validar en la convivencia, un modo particular de convivir. Esto siempre se realiza en una red de conversaciones que coordina el hacer y el emocionar de los participantes. En un país, la tarea de cualquier actividad educativa es cumplir este quehacer en la formación de los ciudadanos del país. En un país de intención democrática, esto significa <u>entregar a cada ciudadano elementos para un quehacer autónomo, social y ecológicamente responsable</u>.*

Democracia es un modo de convivencia en el que todos los asuntos de la comunidad son públicos, esto es, están al alcance para la mirada, la reflexión y la acción, de todos los ciudadanos. Como sistema político, la democracia es un sistema en el que las responsabilidades administrativas del país se asignan de manera temporal para evitar la apropiación de los asuntos de la comunidad por ningún individuo o grupo de individuos".

Además, la historia ha mostrado que las personas pueden llegar a ser meros súbditos del poder temporal humano, arbitrario, autoritario y absoluto, mientras que los ciudadanos y ciudadanas, concepto derivado del uso efectivo de la libertad, son los verdaderos detentadores y ejercitantes del poder público, a su voluntad soberana y democrática subordinado.

El ciudadano, como la ciudadana, solamente ameritan de espacios reales, para que dentro de un uso efectivo de sus derechos (cosa que nadie puede hacer por ellos), en plena participación y protagonismo y sin requerirse de supremo intérprete (*"mesías visionario"* o *"comandante eterno"* alguno de pacotilla), puedan surgir los planteamientos de sus verdaderas necesidades, y también las ideas y propuestas para la satisfacción de las mismas[88]. Las simples personas, en cambio, pueden ser fácilmente desviadas de sus caminos legítimamente aspirados, como extraídas de los sentires que espontáneamente les corresponden. Los ciudadanos y las ciudadanas parten de la supremacía de lo colectivo, pues la ciudadanía lleva implícita lo colectivo, mientras que la personalidad podría aludir solo a lo individual y hasta a lo mezquino.

Las personas suelen necesitar "guiatura", los ciudadanos y las ciudadanas marcan el camino y ejercen sus derechos y cumplen sus deberes, y se sirven de la Administración Pública (constitucionalmente a su servicio) para el mejor logro de sus cometidos individuales y colectivos, cónsonos con los valores presentes en la Constitución.

En definitiva, este concepto de ciudadanía, que implica el ejercicio racional de la soberanía popular y, por tanto, la definición o determinación del andar del poder público constituido, resulta un componente central del contenido esencial del derecho humano a la participación ciudadana. La persona *"capitis disminuida"*, necesitada de guiatura de parte de un Estado paternalista (liderazgo personalista autoritario) que ha de indicarle el camino y decirle lo que le conviene mejor, no es solamente propio de un sistema meramen-

---

[88] Mariano Picón Salas, "Regreso de Tres Mundos (Un Hombre en su Generación)": *"¿Pero es que la libertad es sólo dádiva lejana que nos ofrezca un régimen o un momento de la Historia, o más bien terrible aventura afanosa, tan frágil como la vida, que es necesario salir a ganarse cada día? "Qué grave y espuria una libertad que se nos diera o limitara por decreto del Estado!".*

te representativo, sino que cuando esa persona interviene dentro de los esquemas predispuestos por el poder público, y en aras de la propagación de la ideología política de sus representantes[89], pierde el carácter de ciudadano, para volverse casi un súbdito, y así condicionadamente lograr las ayudas económicas u otros beneficios perseguidos (migajas en realidad para la satisfacción de la miseria y la indignidad humana).

La persona del Estado Legal de Derecho cede su paso al ciudadano y ciudadana del Estado Constitucional de Derecho. Para ser ciudadano o ciudadana, la persona sólo tiene por delante el reto propio de ejercerse en libertad[90].

Sección Segunda: La Creatividad y la Espontaneidad en el Actuar Humano.

Ahora bien, en ángulo distinto pero complementario de ese contenido esencial del derecho humano a la participación ciudadana, nos proponemos ahora plantear la indispensable creatividad[91] y espontaneidad[92] que debe caracterizar la actuación de la sociedad civil.

---

[89] Antonio Baldasarre, *opus cit.* (pp. 89 y 90): "*De acuerdo con estos valores, propios de un sistema constitucional democrático-pluralista, ..., los derechos sociales expresan la tensión dialéctica entre individuo y colectividades particulares, y por ello constan de una variada combinación de momentos individuales y colectivos, con base en la cual la titularidad (y la accionabilidad) de los derechos mismos se articula en los diferentes individuos y/o colectividades particulares, no ya en razón de definiciones a priori, sino del contenido y de los intereses protegidos en cada caso por los diferentes derechos sociales*".

[90] Thierry Jeantet et Yan De Kerorguen, "Sociétale Démocratie: Un Nouvel Horizon" (p. 54): "*Qu'observe-t-on sur les places publiques du monde entier? Une foule sans qualités? Non. Mais peut-etre bien une foule plus intelligente, plus inventive, pour faire évoluer la démocratie. Une foule plus outillée que nos instances représentatives. Ce movement inédit, non par son ampleur mais par son message et son mode opératoire, se veut indépendant*".

[91] Stephen Boucher, "Petit Manuel de Créativité Politique. Comment libérer l'audace collective" (p. 21): "*Il est urgent de mettre l'imagination et l'audace créatives au coeur de l'action politique. La créativité est la faculté à générer des solutions nouvelles et efficaces*".

[92] Dan Bernfeld, "Un nouvel enjeu: la participation" (p. 10): "*...comment une institution officielle, quelle qu'elle soit, pourrait-elle choisir et dicter une politique de la participation, alors que le propre de la participation est d'inventer, d'innover, de proposer et d'agir en faveur de solutions nouvelles, comprises, acceptées et adoptées par l'usager comme sa propre contribution dans un processus d'un type nouveau?*".

Como hemos visto hasta ahora, al Estado corresponde la obligación de fomentar, de promover, de facilitar, de permitir, de tolerar, de respetar, de acatar, de reconocer efectividad, de promover, en fin, la participación ciudadana. Sin embargo, el rol que ha de asumir el Estado, si se nos permite la analogía, es el de un real maestro, profesor, docente, ductor, tutor, animador o facilitador, quien puede dar las herramientas, la información y hasta la formación, preparación, sensibilización, estimulación, metodologías y concienciación necesarias para pensar y participar, es decir, para "empoderar"[93], pero que mal podría pretender pensar o participar por el alumno, y mucho menos exigir que "piense" como él, o que "participe" según él, so pena de castrar, menospreciar, despreciar, anular, destruir, su entidad humana y su dignidad, fundamento último de los derechos humanos[94], con menoscabo de su derecho al libre desenvolvimiento de su personalidad, reconocido en el artículo 20 de la Constitución venezolana:

> *"Toda persona tiene derecho al libre desenvolvimiento de su personalidad, sin más limitaciones que las que derivan del derecho de las demás y del orden público y social".*

Por tanto, como el verdadero maestro, profesor, docente, ductor, tutor, animador o facilitador, ansioso por ver el resultado de su

---

Dan Bernfeld, "A propos de la méthodologie d`évaluation des expériences participatives: quelques criteres de base" (p. 1): *"Une expérience participative a lieu lorsqu´un groupe d`usagers essai d`apporter des solutions a des problemes communautaires jusqu`alors insurmontables. Le trait fundamental de l`expérience participative réside tant dans son autonomie par rapport aux pouvoirs politiques, économiques et culturales en place que dans son enracinement dans les couches sociales des usagers".*

93   Jacques Ion, *opus cit.* (pp. 152 y 153): *"Le succes de la notion d'empowerment... Leur caractéristique principale par rapport à tous les essais de démocratie participative ou délibérative, tient en la volonté de s'adresser à des collectifs plus qu'à des individus: leur permettre l'acces certes à des droits mais surtout à des savoirs, des compétences, afin de se prendre eux-memes en charge. Traduit en français souvent par "capacitation" ou "capacité d'agir", ou encore "autonomisation", le terme correspond tout à fait à l'idée que les individus doivent se prendre en charge pour devenir maitres d'eux-memes et constituer des atouts pour leur propre entourage...".*

94   Antonio Baldasarre, *opus cit.* (p. 78): *"una vez que el principio de la dignidad humana se interpreta, con respecto a la persona, tanto como valor ético-moral o espiritual como en cuanto correspondiente al ser inmerso en la concreta existencia social y síntesis ideal de un ordenamiento democrático-pluralista, es en él que se descubre la raíz primera tanto de los derechos de libertad civil y política como, ..., de todos los derechos sociales".*

labor de inductor del proceso de aprendizaje, dentro del marco del objetivo de lograr libre pensamiento, racionalidad y criticidad (y con ello independencia y autonomía de criterio), que al ser auténtico podría implicar que las opiniones y conclusiones sean racionalmente distintas y hasta contradictorias a las suyas, pero aun de esa forma se siente feliz y satisfecho de su labor, el Estado ha de crear los mecanismos legales idóneos y los procedimientos administrativos que sean necesarios[95], para empujar e impulsar la participación ciudadana, auparla, propiciarla, promoverla, pero sin poder desacatarla, ni menos burlarla, ni buscar manipularla o ahogarla, ni condicionarla o ideológicamente determinarla, o solamente aplaudir y premiar la que cabalgue con el signo político del gobierno de turno, pues estaría menoscabando los derechos humanos[96] y, en definitiva, apartándose de la voluntad popular, del mandato soberano.

---

[95] Stephen Boucher, *opus cit.* (p. 340): *"...il faut concevoir l'Etat et les collectivités locales comme responsables, non plus de tout penser, ordonner, réglementer, mais de construire les conduites qui amèneront les flux d'idées au barrage et produiront de "l'électricité" politique..."*. (p. 344): *"...qu'on en voit plus l'Etat comme tutelle omnisciente et omnipotente, mais comme catalyseur des énergies créatives..."*.

[96] John Finnis, "Ley Natural y Derechos Naturales" (p. 380): Tomás de Aquino señala los distintos tipos de la injusticia de la ley, destacando la intención o motivación, frente a lo que Finnis ejemplifica cuando la autoridad *"explota sus oportunidades para adoptar disposiciones por las que no intenta el bien común sino en beneficio suyo o de sus amigos o de su partido o de su facción, o movido por malicia contra alguna persona o grupo"*.

Carlos Niño, "Ética y Derechos Humanos" (p. 244): *"el sistema jurídico –con las autoridades y sanciones que le son inherentes- se justifica en tanto y en cuanto él es un medio necesario para preservar y promover derechos humanos"*.

Rodolfo Vigo, *opus cit.* (p. 59), hace una excelente síntesis de las ideas según las cuales los derechos humanos quedan fuera del alcance de las autoridades constituidas, así: *"Ha sido Robert Alexy, al hilo de la sentencia de Nuremberg y la condena a los guardianes del muro de Berlín, un defensor de la fórmula de Radbruch que proclamaba "(...) la injusticia extrema no es derecho". De ese modo, para generar derecho se requiere necesariamente que el derecho no supere ese umbral de injusticia extrema, y la prevención para aquellos que se despreocupan de ese control de la validez ética del derecho, es la eventual responsabilidad jurídica por crear o aplicar un derecho que no es tal por su déficit ético. Si nos atenemos a la lectura que hizo Hart de Dworkin en el artículo titulado "Un nuevo desafío al positivismo jurídico", también puede concluirse en una conexión necesaria (no meramente contingente) entre derecho y moral, pues los principios dworkinianos están en el derecho per se o propio vigor, de ese modo su juridicidad no les viene de la aprobación autoritativa, sino directamente de su contenido (así lo ha explicado también Niño). Ferrajoli, con su propuesta en el marco del EDC de una democracia sustancial en reemplazo de la democracia procedimental propia del EDL, acepta que hay cuestiones ya decididas o indis-*

De allí que las instituciones asociativas, fundacionales, societarias, cooperativas, formales o de hecho, u otras que pueda la gente, la ciudadanía crear, en ejercicio de su constitucionalmente prevista libertad asociativa[97], como se ha exigido en el sistema de naciones unidas, como garantía de su real origen popular (léase no gubernamental), han de estar completamente separadas de estructuras gubernamentales que acaben por deslegitimarlas, al no terminar siendo más que apéndices del poder público, es decir, del objeto central de la contraloría social.

¿Quién le pone el cascabel al gato? ¿Cómo concebir en sana y honesta lógica que el contralor dependa política o financieramente del ente controlado?

El pueblo, como elemento existencial del Estado (en su definición axiomática) y a través de todas las figuras asociativas y organizativas posibles, dependiendo todo únicamente de su legítima voluntad, exponiendo toda la variedad y disimilitud de componentes culturales y otros que lo integran y hacen de él su riqueza humana, dada su diversidad, ha de incidir sobre los otros dos elementos, es decir, actuar sobre el territorio, concretamente sobre los espacios geográficos de su hábitat y ambiente cotidiano, y determinar el ejercicio del poder público gubernamental constituido, que existe gracias a su voluntad y se legitima mientras acate el espontáneo y real mandato popular, derivado de la Constitución, en su interpretación normativo valorativa, de las elecciones y de la auténtica participación ciudadana.

¡¡¡El pueblo y el poder público no son ni pueden ser lo mismo!!![98] En una democracia verdadera el segundo es instrumento o mera herramienta del primero para el logro de sus fines y cometi-

---

ponibles que, por ende, quedan sustraídas de la decisión autoritativa, incluso de la voluntad popular, como lo son los derechos humanos". EDC (Estado de Derecho Constitucional). EDL (Estado de Derecho Legal).

[97] Artículo 52: *"Toda persona tiene derecho de asociarse con fines lícitos, de conformidad con la ley. El Estado estará obligado a facilitar el ejercicio de este derecho"*.

Artículo 70: *"Son medios de participación y protagonismo del pueblo en ejercicio de su soberanía, ...; y en lo social y económico, las instancias de atención ciudadana, la autogestión, la cogestión, las cooperativas en todas sus formas incluyendo las de carácter financiero, las cajas de ahorro, la empresa comunitaria y demás formas asociativas guiadas por los valores de la mutua cooperación y la solidaridad"*.

[98] Al suelo todos los slogans populistas autoritarios que pretenden asimilar al mandamás de turno con el pueblo, como si se tratara de un solo ser.

dos propios. Es por eso que las entidades de participación ciudadana, vale decir, la sociedad civil, han de ser organizaciones no gubernamentales, sin vinculación gubernamental determinante de sus políticas de actuación. El hecho de que algunos entes autollamados de esa forma (ONG) no sean realmente espacios de participación ciudadana, sino estructuras bien o mal intencionadas sin verdadera legitimación popular, representantes de intereses privados o partidistas o gubernamentales diversos, no descalifica el concepto expresado, por el simple hecho de que no porque existan enfermedades haya que renunciar a la salud, habiendo además mecanismos jurídicos de depuración.

Las ONG, sin importar la forma jurídica que adopten (si la adoptan), libres de controles gubernamentales o del sector privado de la economía, como manifestación espontánea de la sociedad civil organizada, han de contar con una amplia base de miembros, participantes y cotizantes, que les acuerde la indispensable legitimación social; han de responder a estructuras internas de carácter democrático sustancial, tendiendo hacia la horizontalización; han de beneficiarse de fondos de funcionamiento que, en su mayor parte, sean de libre disponibilidad[99]; y, todo lo anterior, para que pue-

---

[99] En el ámbito interamericano, la Resolución CP/RES. 759 (1217/99) del 15 de diciembre de 1999, emanada del Consejo Permanente de la Organización de Estados Americanos (OEA), contentiva de las "Directrices para la Participación de las Organizaciones de la Sociedad Civil en las Actividades de la OEA" (http://www.oas.org/36AG/espanol/doc_referencia/cpres759_99. pdf), en su punto 8 establece como requisitos para el registro de ONG para la participación, lo siguiente: la organización de la sociedad civil deberá gozar de reconocida reputación y representatividad en su esfera particular de competencia; deberá contar con una estructura institucional que incluya mecanismos apropiados para que sus autoridades rindan cuentas a los miembros y sean controladas por éstos; deberá contar con un representante legal y jefe administrativo, así como una sede establecida; deberá obtener sus recursos principalmente de las organizaciones o miembros individuales que la constituyan y deberá haber suministrado una lista de las fuentes financieras y las contribuciones recibidas, incluyendo, de manera particular, aquellas provenientes de fuentes gubernamentales (aquellas organizaciones cuya base de sustento no proviene de sus miembros también deberán suministrar una lista de sus fuentes de financiamiento y de cualquier donación que reciban, en particular, los recursos de origen gubernamental); y, se tendrá especialmente en cuenta que la estructura institucional y la estructura de financiamiento sean transparentes y que concedan un nivel de independencia a la organización de la sociedad civil solicitante.

106

dan estar en capacidad de ejercer presión política sobre los decidores públicos, contraloría social sobre los operadores económicos públicos y privados, y, de ser necesario, pasar a la acción jurídica y judicial[100].

Por tanto, en síntesis, el contenido esencial o núcleo duro del derecho humano a la participación ciudadana radica en dos caracteres fundamentales indefectibles, cuales son, por un lado, la idea de ciudadanía, bajo el esquema conceptual libertario de pueblo integrado por libre pensadores críticos y racionales que, en pleno ejercicio de todos y cada uno de sus derechos humanos, vinculados por los principios de interdependencia y progresividad, actúan institucionalmente en pro de su mejor calidad de vida (*"uti cives"*); y, por el otro lado, la modalidad de la creatividad y espontaneidad en su quehacer, regido claro está por el ordenamiento jurídico[101], pero

---

Prácticamente idénticos requisitos se piden para la participación de las ONG a escala mundial, acorde con la Resolución 1996/31 del 25 de julio de 1996, del Consejo Económico y Social de la Organización de Naciones Unidas, acerca de la relación consultiva entre las Naciones Unidas y las Organizaciones No Gubernamentales (http://www.dipublico.com.ar/instrumentos/149.html). Véase también el documento "Participación de la Sociedad Civil en las actividades del Comité DESC de la ONU", 7 de julio de 2000 (E/C.12/2000/6) (http://tbinternet.ohchr.org/_layouts/treatybodyexternal/Download.aspx?symbolno=E%2FC.12%2F2000%2F6&Lang=en).

[100] Para una sencilla definición de ONG, véase http://es.wikipedia.org/wiki/ONG: "*Una **organización no gubernamental** (tanto en singular como en plural **ONG**) es una entidad de carácter privado, con fines y objetivos definidos por sus integrantes, creada independientemente de los gobiernos locales, regionales y nacionales, así como también de los organismos internacionales. Jurídicamente adopta diferentes estatus, tales como asociación, fundación, corporación y cooperativa, entre otras formas. Al conjunto del sector que integran las ONG se le denomina de diferentes formas, tales como sector voluntario, sector no lucrativo, sector solidario, economía social y tercer sector social.*

Su membresía está compuesta por voluntarios. Internamente pueden tener un bajo o alto grado de organización. El financiamiento de actividades, generalmente, proviene de diversas fuentes: personas particulares, Estados, organismos internacionales, empresas, otras ONG, etc.".

[101] Thierry Jeantet et Yan De Kerorguen, *opus cit.* (p. 71): "*...Leur liberté d´action représente un élément determinant du dynamisme de notre société. Les associations offrent a la société son quota d´imagination et de créativité ainsi que sa capacité a défricher de nouvelles solutions...*"; (p. 81): "*...Un préalable indispensable a ce développement passe par l´affirmation universelle de la pluralité des formes d´entreprendre a travers une recconnaissaince législative des statuts coopératifs, mutualistes, associatifs et des fondations. Une loi pivot, fondatrice, est de ce point de vue nécessaire*".

en términos de orden procedural y no ideológico, donde la iniciativa popular libre establece las figuras organizativas más apropiadas y los objetivos de interés colectivo, difuso o general a ser satisfechos[102], dentro del marco constitucional, estando la Administración Pública al servicio de todo ello, y no a la inversa[103].

Aclaremos, finalmente, que de este concepto de participación ciudadana hemos excluido la idea de simple participación política, por lo que no estamos comprendiendo los conocidos derechos políticos, tales como el sufragio activo y pasivo, la organización de partidos políticos, etc., ello reservado a los nacionales y excepcionalmente extendido a extranjeros en ciertas condiciones de residencia y otras[104]. Aludimos, en consecuencia, a la participación que interesa a todos los seres humanos habitantes o residentes de un lugar, sean nacionales o migrantes (incluso en situación legal o no), que en ejercicio de la ciudadanía como la hemos definido, y bajo la modalidad legal que más se ajuste a sus deseos democráticamente fijados por ellos mismos[105], inciden sobre o con las autoridades públicas, a objeto de mejorar su calidad de vida o cuadro de vida cotidiano.

---

[102] Loic Blondiaux, *opus cit.* (p. 41): "*Dans cette démocratie participative par le bas qui excede tres largement les efforts réalisés pour l'apprivoiser, cette finalité de la participation se retrouve surtout dans les multiples initiatives qui cherchent a renforcer les capacités d'expression et d'action de leurs participants et qui ne sont pas suscitées cette fois par les pouvoirs publics*".

[103] Leopoldo Tolivar Alas, *opus cit.* (p. 961): "*...la participación requiere un animus difícilmente compatible con una imposición y menos con una coerción traducible, a la postre, en sanción*".

[104] El tema de electores y sufragantes fue necesario desarrollarlo en la génesis constitucional, en esta investigación, solamente para entender el origen y la formación primigenia de la noción de soberanía popular universal, con solamente el voto en una democracia representativa, dentro de un Estado Legal de Derecho, y luego, de la mano del neoconstitucionalismo, también la participación ciudadana, en el marco de un Estado Constitucional de Derecho.

[105] Anicet Le Pors, *opus cit.* (p. 82): "*...La démocratie directe suppose initiative, spontanéité, inventivité. Faire du citoyen l'acteur principal de la vie politique doit aussi conduire à favoriser l'essor de toutes les médiations de proximité (action militante, vie associative et création de structures ad hoc de régulation de la vie sociale). Par nature, il n'est donc ni possible ni souhaitable de réglementer à l'exces les modalités de la démocratie directe, non plus que la vie dans sa complexité*".

CAPÍTULO II:
LA VULNERACIÓN POR RESTRICCIONES INDEBIDAS DEL DERECHO HUMANO A LA PARTICIPACIÓN CIUDADANA

Sección Primera: El Régimen Jurídico Lícito para las Limitaciones o Restricciones de los Derechos Humanos.

Ante todo, se aclara que nos referiremos al contexto de la normalidad institucional, por lo que no se harán análisis correspondientes a supuestos de emergencia, que ameritasen declaratorias de estados de excepción.

Así, acorde con una visión racional iusnaturalista de la libertad, ésta pertenece al ser humano por su condición ontológica, por lo que no deriva de una atribución concedida por el Estado, estando más bien éste, por el contrario, obligado a de respetar y garantizar esa libertad. El principio *"favor libertatis"* o principio *"in dubio pro libertas"* incide en que se asuma el entendimiento de que, en todo momento, la libertad ha de ser la regla y la restricción sólo será la excepción. Esto, como consecuencia de una ineluctable interpretación *"pro cives"*, acorde con el principio *"pro homine"*.

Semejante concepción, propia de la Ilustración, es decir, del liberalismo político o filosófico y del iluminismo europeo, se manifiesta al mundo en los documentos centrales de los procesos políticos más relevantes a escala mundial de fines del Siglo XVIII, cuales son la Independencia de los Estados Unidos de América y la Revolución Francesa. Se trata de la Declaración de Derechos del Buen Pueblo de Virginia, del 12 de junio de 1776, y de la Declaración de los Derechos del Hombre y del Ciudadano, del 26 de agosto de 1789, en cuyos artículos I y 1, respectivamente, se lee:

"Que todos los hombres son por naturaleza igualmente libres e independientes y tienen ciertos derechos innatos, de los que, cuando entran en estado de sociedad, no pueden privar o desposeer a su posteridad por ningún pacto, a saber: el goce de la vida y de la libertad, con los medios de adquirir y poseer la propiedad y de buscar y obtener la felicidad y la seguridad". Y,

"Los hombres nacen y permanecen libres e iguales en derechos".

A esta noción, evidentemente, como quedó previamente demostrado, no escapó Venezuela desde sus inicios, tal como puede apreciarse, dentro de su proceso independentista, en la Declaración de los Derechos del Pueblo, del 1 de julio de 1811, cuando según sus artículos 1 y 2:

"El fin de la sociedad es la felicidad común, y el Gobierno se instituye al asegurarla". Y,

"Consiste esta felicidad en el goce de la libertad, de la seguridad, de la propiedad y de la igualdad de derechos ante la ley".

Ni tampoco el planeta, a juzgar del contenido de la Declaración Universal de los Derechos Humanos, adoptada por la Asamblea General de la Organización de Naciones Unidas, el 10 de diciembre de 1948, donde el artículo 1 expresa:

"Todos los seres humanos nacen libres e iguales en dignidad y derechos y, dotados como están de razón y conciencia, deben comportarse fraternalmente los unos con los otros".

Tal carácter innato al ser humano y de condición pre y supra-constitucional se evidencia fácilmente de la letra de la Constitución venezolana de 1999 (siguiendo en ello a la precedente Constitución de 1961), cuando en su artículo 22 se alude al simple carácter ilustrativo (cláusula del *"numerus apertus"*) de la enumeración de derechos humanos en ese texto fundamental contenida, al prever que:

"La enunciación de los derechos y garantías contenidos en esta Constitución y en los instrumentos internacionales sobre derechos humanos no debe entenderse como negación de otros que, siendo inherentes a la persona, no figuren expresamente en ellos. La falta de ley reglamentaria de estos derechos no menoscaba el ejercicio de los mismos".

110

Y, la obligación estatal de respetar y proteger esos derechos humanos resulta explícitamente positivizada por el artículo 19 de la Constitución, al estatuirse que:

"El Estado garantizará a toda persona, conforme al principio de progresividad y sin discriminación alguna, el goce y ejercicio irrenunciable, indivisible e interdependiente de los derechos humanos. Su respeto y garantía son obligatorios para los órganos del Poder Público de conformidad con la Constitución, los tratados sobre derechos humanos suscritos y ratificados por la República y las leyes que los desarrollen".

Empero, como quiera que siguiendo a Jean-Jacques Rousseau el pacto social nos saca del estado salvaje o de barbarie inicial, mediando un acto racional tendente a la proyección y consecución de la mejor condición humana, y de ese modo lograr el mayor bienestar individual y colectivo, siendo que la libertad natural encuentra sus límites en la libertad del prójimo, es menester que el Estado intervenga a título de árbitro y administrador, de modo que sin anular el goce de los derechos humanos, se garantice a todos y cada uno de los ciudadanos y ciudadanas la mayor y mejor calidad de vida posible.

Es por ello que el derecho humano síntesis de los derechos humanos, es decir, el derecho al libre desenvolvimiento de la personalidad encuentra la posibilidad de ser limitado en el artículo 20 de la Constitución, y con ello, todos, siempre que ello se haga de manera proporcionada y justificada:

"Toda persona tiene derecho al libre desenvolvimiento de su personalidad, sin más limitaciones que las que derivan del derecho de las demás y del orden público y social".

Además, como ya se esbozó en la introducción, toda regulación en materia de derechos humanos, tanto para su desarrollo como para su limitación así proporcionada y justificada, pertenece a la reserva legal[106] (reserva de Parlamento), debiendo ser ello en todo

---

[106] Josep Ma. Castellá Andreu, *opus cit.* (pp. 167 y ss), habla de *"derechos de configuración legal".*

En la Opinión Consultiva OC-6/86 del 9 de mayo de 1986, dictada por la Corte Interamericana de Derechos Humanos (http://www.corteidh.or.cr/docs/opiniones/seriea_06_esp.pdf), acerca del entendimiento de la palabra "leyes" en el artículo 30 de la Convención Americana sobre Derechos Humanos, se lee: *"22. Por ello, la protección de los derechos humanos requiere que los actos estatales que los afecten de manera fundamental no queden al arbitrio del poder público, sino que estén rodeados de un conjunto de garantías enderezadas a asegurar que no se vulneren los atributos inviolables de la persona, dentro de las cuales, acaso la más relevante tenga que ser que las limitaciones se establezcan por una ley adoptada por el Poder Legislativo, de acuerdo con lo establecido por la Constitución. A través de este procedimiento no sólo se inviste a tales actos del asentimiento de la representación popular, sino que se permite a las minorías expresar su inconformidad, proponer iniciativas distintas, participar en la formación de la voluntad política o influir sobre la opinión pública para evitar que la mayoría actúe arbitrariamente. En verdad, este procedimiento no impide en todos los casos que una ley aprobada por el Parlamento llegue a ser violatoria de los derechos humanos, posibilidad que reclama la necesidad de algún régimen de control posterior, pero sí es, sin duda, un obstáculo importante para el ejercicio arbitrario del poder"*. Y, *"27. La expresión leyes, en el marco de la protección a los derechos humanos, carecería de sentido si con ella no se aludiera a la idea de que la sola determinación del poder público no basta para restringir tales derechos. Lo contrario equivaldría a reconocer una virtualidad absoluta a los poderes de los gobernantes frente a los gobernados. En cambio, el vocablo leyes cobra todo su sentido lógico e histórico si se le considera como una exigencia de la necesaria limitación a la interferencia del poder público en la esfera de los derechos y libertades de la persona humana. La Corte concluye que la expresión leyes, utilizada por el artículo 30, no puede tener otro sentido que el de ley formal, es decir, norma jurídica adoptada por el órgano legislativo y promulgada por el Poder Ejecutivo, según el procedimiento requerido por el derecho interno de cada Estado"*.

Y aunque en desacuerdo con ello, por entenderlo contradictorio con la idea de la participación de las minorías en la formación de la voluntad política, esta Opinión Consultiva, también indica: *"36. Lo anterior no se contradice forzosamente con la posibilidad de delegaciones legislativas en esta materia, siempre que tales delegaciones estén autorizadas por la propia Constitución, que se ejerzan dentro de los límites impuestos por ella y por la ley delegante, y que el ejercicio de la potestad delegada esté sujeto a controles eficaces, de manera que no desvirtúe, ni pueda utilizarse para desvirtuar, el carácter fundamental de los derechos y libertades protegidos por la Convención"*.

También ha sido tajante la Corte Interamericana de Derechos Humanos, en casos contenciosos, como se aprecia en la Sentencia del 2 de mayo de 2008, del caso Kimel vs. Argentina (http://www.corteidh.or.cr/index.php/es/ jurisprudencia): *"63. La Corte ha señalado que "es la ley la que debe establecer las restricciones a la libertad de información"*. *En este sentido, cualquier limitación o restricción debe estar prevista en la ley, tanto en sentido formal como material"*; y, en la Sentencia del 6 de agosto de 2008, del caso Castañeda vs. México (http:// www.tc.gob.pe/corte_interamericana/seriec_184_esp.pdf): *"176. El primer paso para evaluar si una restricción a un derecho establecido en la Convención Americana es permitida a la luz de dicho tratado consiste en examinar si la medida limitativa cumple con el requisito de legalidad. Ello significa que las condiciones y circunstancias generales que autorizan una restricción al ejercicio de un derecho humano determinado deben estar claramente establecidas por ley. La norma que establece la restricción debe ser una ley en el sentido formal y material"*.

caso, y conforme a la teoría de la esencialidad[107], satisfecho mediante ley formal de carácter orgánico[108], según lo prevén los artículos 202 y 203 de la Constitución:

"La ley es el acto sancionado por la Asamblea Nacional como cuerpo legislador". Y,

"Son leyes orgánicas las que … se dicten … para desarrollar los derechos constitucionales …".

Se mantuvo pues el constituyente venezolano dentro del espíritu presente en la citada Declaración Universal de los Derechos Humanos, cuando en su artículo 29.2 prevé:

"En el ejercicio de sus derechos y en el disfrute de sus libertades, toda persona estará solamente sujeta a las limitaciones establecidas por la ley con el único fin de asegurar el reconocimiento y el respeto de los derechos y libertades de los demás, y de satisfacer las justas exigencias de la moral, del orden público y del bienestar general en una sociedad democrática".

Y, particularmente en cuanto concierne al derecho humano a la participación ciudadana, la necesaria presencia reguladora de la ley es clara, cuando el artículo 70 constitucional dispone:

"Son medios de participación y protagonismo del pueblo en ejercicio de su soberanía, en lo político: la elección de cargos públicos, el referendo, la consulta popular, la revocatoria del mandato, la iniciativa legislativa, constitucional y constituyente, el cabildo abierto y la asamblea de ciudadanos y ciudadanas cuyas decisiones serán de carácter vinculante, entre otros; y en lo social y económico, las instan-

---

[107] Jesús María Casal H., "Los Derechos Fundamentales y sus Restricciones" (p. 140).

[108] Es menester señalar aquí que la jurisprudencia de la Sala Constitucional del Tribunal Supremo de Justicia ha flexibilizado en extremo esta exigencia constitucional, como puede apreciarse en la Sentencia número 537 del 12 de junio de 2000, acerca de la Ley Orgánica de Telecomunicaciones (http://www.tsj.gov.ve/decisiones/scon/junio/537-12-6-00-00-1799.HTM), en la que se descolla que no toda regulación que incida en un derecho humano implica un desarrollo del mismo; y, en la Sentencia número 1.723 del 31 de julio de 2002, relativa a la Ley Orgánica del Sistema Venezolano para la Calidad (http://www.tsj.gov.ve/decisiones/scon/julio/1723-310702-02-1434.HTM), en la cual se requiere que se trate de un desarrollo directo, global o en aspectos esenciales del derecho humano, y no todo roce de aspectos secundarios.

cias de atención ciudadana, la autogestión, la cogestión, las cooperativas en todas sus formas incluyendo las de carácter financiero, las cajas de ahorro, la empresa comunitaria y demás formas asociativas guiadas por los valores de la mutua cooperación y la solidaridad.

La ley establecerá las condiciones para el efectivo funcionamiento de los medios de participación previstos en este artículo".

Seguido en cuanto a la libertad asociativa, por el artículo 52:

"Toda persona tiene derecho de asociarse con fines lícitos, de conformidad con la ley. El Estado estará obligado a facilitar el ejercicio de este derecho".

Y los dispositivos a continuación, previstos entre otros en los artículos:

55: *"La participación de los ciudadanos y ciudadanas en los programas destinados a la prevención, seguridad ciudadana y administración de emergencias será regulada por una ley especial".*

79: *"Los jóvenes y las jóvenes tienen el derecho y el deber de ser sujetos activos del proceso de desarrollo. El Estado, con la participación solidaria de las familias y la sociedad, creará oportunidades para estimular su tránsito productivo hacia la vida adulta y en particular la capacitación y el acceso al primer empleo, de conformidad con la ley".*

81: *"Toda persona con discapacidad o necesidades especiales tiene derecho al ejercicio pleno y autónomo de sus capacidades y a su integración familiar y comunitaria. El Estado, con la participación solidaria de las familias y la sociedad, les garantizará el respeto a su dignidad humana, la equiparación de oportunidades, condiciones laborales satisfactorias, y promueve su formación, capacitación y acceso al empleo acorde con sus condiciones, de conformidad con la ley. Se les reconoce a las personas sordas o mudas el derecho a expresarse y comunicarse a través de la lengua de señas".*

102: *"...El Estado, con la participación de las familias y la sociedad, promoverá el proceso de educación ciudadana de acuerdo con los principios contenidos de esta Constitución y en la ley".*

119: *"...Corresponderá al Ejecutivo Nacional, con la participación de los pueblos indígenas, demarcar y garantizar el derecho a la propiedad colectiva de sus tierras, las cuales serán inalienables, imprescriptibles, inembargables e intransferibles de acuerdo con lo establecido en esta Constitución y la ley".*

127: *"Es una obligación fundamental del Estado, con la activa participación de la sociedad, garantizar que la población se desenvuelva en un ambiente libre de contaminación, en donde el aire, el agua, los suelos, las costas, el clima, la capa de ozono, las especies vivas, sean especialmente protegidos, de conformidad con la ley"*. Y,

128: *"El Estado desarrollará una política de ordenación del territorio atendiendo a las realidades ecológicas, geográficas, poblacionales, sociales, culturales, económicas, políticas, de acuerdo con las premisas del desarrollo sustentable, que incluya la información, consulta y participación ciudadana. Una ley orgánica desarrollará los principios y criterios para este ordenamiento"*.

Ahora bien, siguiendo al Profesor Jesús María Casal H.[109], asimilemos como sinónimos los vocablos limitación y restricción, teniendo en común su alusión a normas, entonces con carácter de ley formal, que en definitiva condicionan el ejercicio de los derechos humanos, por mandato constitucional expreso. El legislador ordinario (el Poder Legislativo) actúa así de acuerdo con su libertad (facultad-potestad) de configuración normativa, la cual no es, ni puede ser, absoluta[110], en el marco de un Estado Constitucional de Derecho.

Quedan pues por fuera tanto las definiciones que sobre los derechos humanos consagrados contiene la misma Constitución, como también las reducciones constitucionales en el goce de los derechos humanos reconocidos o la sinergia e interdependencia con otros derechos humanos y bienes, principios y valores jurídicos constitucionalmente previstos.

Decimos que esa libertad (facultad-potestad) de configuración normativa de la que goza el legislador ordinario no es absoluta, pues, a más de la exigencia formal de consagración de la limitación en una ley[111], es menester, como lo aludimos previamente, que la

---

[109] Jesús María Casal H., "Los Derechos Humanos y su Protección" (pp. 68 y 69).

[110] Jesús María Casal H., "Los Derechos Humanos y su Protección" (p. 71): *"El uso de esa libertad política conoce límites, y la restricción del derecho no será válida si prescinde de los requisitos que luego estudiaremos, pero el legislador a menudo dispone de un margen de libertad para decidir si somete o no un derecho a una determinada restricción constitucionalmente lícita mas no constitucionalmente necesaria"*.

[111] César Landa, "Teorías de los Derechos Fundamentales" (internet): *"...en adelante son los representantes electos por los propios ciudadanos los que se encargarán de configurar los derechos y libertades de los hombres a través de la ley, así como también establecer sus limitaciones de manera taxativa y restringida"*.

restricción sea proporcionada y justificada, vale decir, por un lado, que su objeto sea lícito y, por el otro lado, que su afectación sea completamente acorde con el principio de proporcionalidad, aludido también como principio de prohibición de exceso, el cual, como principio de construcción doctrinaria y jurisprudencial, tendente a la exclusión de las actuaciones arbitrarias del poder público constituido, perjudiciales a la libertad, disfruta de rango o jerarquía constitucional[112].

En cuanto a lo primero, la política legislativa limitante o restrictiva del derecho humano en consideración no puede ser para nada arbitraria, sino que debe tender, dentro de los valores de una sociedad democrática, únicamente al logro de los fines previstos en el artículo 20 de la Constitución, que son el goce de los *derechos de los demás y el aseguramiento del orden público y social*, lo que, en la terminología del artículo 29.2 de la Declaración Universal de Derechos Humanos se refiere al reconocimiento y el respeto de los derechos y libertades de los demás y a la satisfacción de las justas exigencias de la moral, del orden público y del bienestar general, y en la letra del artículo 32.2 de la Convención Americana sobre Derechos Humanos, se asimila a los derechos de los demás, la seguridad de todos y las justas exigencias del bien común[113]. Del mismo modo, en el párrafo 55 del artículo 4: Limitaciones, de los Principios de Limburgo relativos a la Aplicación del Pacto Internacional de Derechos Económicos, Sociales y Culturales[114], se vincula estrechamente el concepto de sociedad democrática con el disfrute pleno de los derechos humanos:

"Al no existir un modelo único de sociedad democrática, se considerará como tal a la sociedad que reconoce y respeta los derechos humanos establecidos en la Carta de las Naciones Unidas y en la Declaración Universal de los Derechos Humanos".

---

[112] Jesús María Casal H. "Los Derechos Fundamentales y su Protección" (pp. 199 y 200).

[113] Luís Prieto Sanchís, *Justicia Constitucional y Derechos Fundamentales* (p. 199): *"...que la medida enjuiciada presente un fin constitucionalmente legítimo como fundamento de la interferencia en la esfera de otro principio o derecho, pues si no existe tal fin y la actuación pública es gratuita, o si resulta ilegítimo desde la propia perspectiva constitucional, entonces no hay nada que ponderar porque falta uno de los terminus de la comparación".*

[114] http://www.derechos.org.ve/pw/wp-content/uploads/desc_07.pdf

En este orden de ideas, por lo que respecta a lo segundo, determinados como hayan sido los fines perseguidos y verificada su licitud, será imprescindible que la regulación limitante o restrictiva del goce del derecho humano implicado se ajuste al principio de proporcionalidad. Ello exige, siguiendo de nuevo al Profesor Jesús María Casal H.[115] y también al Profesor Luís Prieto Sanchís[116] (quien por cierto se apoya grandemente en los análisis pertinentes del Profesor Robert Alexy, y comenta la jurisprudencia española[117]), que la medida sea idónea, por resultar racionalmente apta para el logro del objeto perseguido, siempre sujeta a la ponderación[118] de su eficacia, de modo de producir rápidas correcciones y hasta eliminaciones; que la medida sea necesaria[119], dada la inexistencia comprobada de medidas alternativas menos gravosas para el disfrute pleno del derecho humano afectado; y, que la medida aparezca como proporcionada en sentido estricto, lo que implica un análisis

---

[115] Jesús María Casal H., "Los Derechos Humanos y su Protección" (pp. 78 y 79).

[116] Luís Prieto Sanchís, *opus cit.* (p. 200): "...*la máxima de la ponderación requiere acreditar la adecuación, aptitud o idoneidad de la medida objeto de enjuiciamiento en orden a la protección o consecución de la finalidad expresada; esto es, la actuación que afecte a un principio o derecho constitucional ha de mostrarse consistente con el bien o con la finalidad en cuya virtud se establece. Si esa actuación no es adecuada para la realización de lo prescrito en una norma constitucional, ello significa que para esta última resulta indiferente que se adopte o no la medida en cuestión; y entonces, dado que sí afecta, en cambio, a la realización de otra norma constitucional, cabe excluir la legitimidad de la intervención*".

[117] Fundamentalmente las sentencias del Tribunal Constitucional Español 66/1995, del 8 de mayo de 1995

(http://www.tribunalconstitucional.es/es/jurisprudencia/Paginas/Sentencia.aspx?cod=19546) y 55/1996, del 28 de marzo de 1996

(http://www.tribunalconstitucional.es/es/jurisprudencia/Paginas/Sentencia.aspx?cod=19733).

[118] Luís Prieto Sanchís, *opus cit.* (p. 189): Acerca del juicio de ponderación, "...*el modo de resolver los conflictos entre principios recibe el nombre de ponderación, aunque a veces se habla de razonabilidad, proporcionalidad o interdicción de la arbitrariedad...la ponderación parte de la igualdad de las normas en conflicto, dado que, si no fuese así, si existiera un orden jerárquico que se pudiera deducir del propio documento normativo, la antinomia podría resolverse de acuerdo con el criterio jerárquico*".

[119] Luís Prieto Sanchís, *opus cit.* (p. 201): "...*ha de acreditarse que no existe otra medida que, obteniendo en términos semejantes la finalidad perseguida, resulte menos gravosa o restrictiva. Ello significa que, si la satisfacción de un bien constitucional puede alcanzarse a través de una pluralidad de medidas o actuaciones, resulta exigible escoger aquella que menos perjuicios cause desde la óptica del otro principio o derecho en pugna*".

de razonabilidad entre medios y fines, que permita establecer el carácter justificado de la medida de restricción, con vista de la significación o trascendencia del fin planteado como meta[120].

---

[120] Robert Alexy, "Teoría de los Derechos Fundamentales" (p. 161): "*Cuanto mayor sea el grado de la no satisfacción o de afectación de un principio, tanto mayor tiene que ser la importancia de la satisfacción de otro*".

Luís Prieto Sanchís, *opus cit.* (p. 202): "…acreditar que existe un cierto equilibrio entre los beneficios que se obtienen con la medida limitadora…en orden a la protección de un bien constitucional o a la consecución de un fin legítimo, y los daños o lesiones que de dicha medida…se derivan para el ejercicio de un derecho o para la satisfacción de otro bien o valor".

En este sentido ha sido muy clara la jurisprudencia de la Corte Interamericana de Derechos Humanos, como puede observarse en la Sentencia del 2 de mayo de 2008, del caso Kimel vs. Argentina (http://www.corteidh.or.cr/index.php/es/jurisprudencia): "*70. En este paso del análisis lo primero que se debe indagar es si la restricción constituye un medio idóneo o adecuado para contribuir a la obtención de una finalidad compatible con la Convención… 83. En este último paso del análisis se considera si la restricción resulta estrictamente proporcional, de tal forma que el sacrificio inherente a aquella no resulte exagerado o desmedido frente a las ventajas que se obtienen mediante tal limitación. La Corte ha hecho suyo este método al señalar que: para que sean compatibles con la Convención las restricciones deben justificarse según objetivos colectivos que, por su importancia, preponderen claramente sobre la necesidad social del pleno goce del derecho que el artículo 13 de la Convención garantiza y no limiten más de lo estrictamente necesario el derecho proclamado en dicho artículo. Es decir, la restricción debe ser proporcional al interés que la justifica y ajustarse estrechamente al logro de ese legítimo objetivo, interfiriendo en la menor medida posible en el efectivo ejercicio del derecho a la libertad de expresión*".

Y, también igualmente, en la Sentencia del 6 de agosto de 2008, del caso Castañeda vs. México (http://www.corteidh.or.cr/cf/Jurisprudencia2/busqueda_casos_contenciosos.cfm?lang=es): "*155. … es evidente que estas causales se refieren a las condiciones habilitantes que la ley puede imponer para ejercer los derechos políticos, y las restricciones basadas en esos criterios son comunes en las legislaciones electorales nacionales, que prevén el establecimiento de edades mínimas para votar y ser votado, ciertos vínculos con el distrito electoral donde se ejerce el derecho, entre otras regulaciones. Siempre que no sean desproporcionados o irrazonables, se trata de límites que legítimamente los Estados pueden establecer para regular el ejercicio y goce de los derechos políticos y que se refieren a ciertos requisitos que las personas titulares de los derechos políticos deben cumplir para poder ejercerlos. … 180. El segundo límite de toda restricción se relaciona con la finalidad de la medida restrictiva; esto es, que la causa que se invoque para justificar la restricción sea de aquellas permitidas por la Convención Americana, previstas en disposiciones específicas que se incluyen en determinados derechos (por ejemplo las finalidades de protección del orden o salud públicas, de los artículos 12.3, 13.2.b y 15, entre otras), o bien, en las normas que establecen finalidades generales legítimas (por ejemplo, "los derechos y libertades de las demás personas", o "las justas exigencias del bien común, en una sociedad democrática", ambas en el artículo 32). … 185. En el sistema interamericano existe un tercer requisito que debe cumplirse para considerar la restricción de*

Desde otra perspectiva y sin que pueda ello escindirse totalmente del requerimiento de respeto de la proporcionalidad, dadas sus vinculaciones estrechas, nos encontramos con otro obstáculo de fondo al ejercicio de la libertad de configuración normativa de que dispone el legislador ordinario, que es la intangibilidad del contenido esencial o núcleo duro del derecho humano objeto de la regulación limitante o restrictiva. En este sentido, siguiendo a Martin Borowski[121], tenemos que el legislador puede entonces mediante reglas y principios restringir o limitar los derechos humanos, en ejercicio de su libertad de configuración, siempre cercado por el principio de proporcionalidad y la técnica de la ponderación.

En efecto, si bien el legislador ordinario goza de amplia libertad en cuanto concierne al desarrollo de los derechos humanos, es lo cierto, desde una perspectiva alexyana o neoconstitucionalista, que la delimitación fundamental de sus entidades y alcances corresponde al mismo constituyente reconocedor del derecho humano de que se trate, siendo que todo derecho humano posee entonces un contenido esencial mínimo, más allá de cuyo exceso se desnaturalizaría y desaparecería, con sus notables vulneraciones sobre la libertad humana y la dignidad de la persona[122].

---

un derecho compatible con la Convención Americana. La Corte Interamericana ha sostenido que para que una restricción sea permitida a la luz de la Convención debe ser necesaria para una sociedad democrática. Este requisito, que la Convención Americana establece de manera explícita en ciertos derechos (de reunión, artículo 15; de asociación, artículo 16; de circulación, artículo 22), ha sido incorporado como pauta de interpretación por el Tribunal y como requisito que califica a todas las restricciones a los derechos de la Convención, incluidos los derechos políticos. 186. Con el fin de evaluar si la medida restrictiva bajo examen cumple con este último requisito la Corte debe valorar si la misma: a) satisface una necesidad social imperiosa, esto es, está orientada a satisfacer un interés público imperativo; b) es la que restringe en menor grado el derecho protegido; y c) se ajusta estrechamente al logro del objetivo legítimo".

[121] Martin Borowski, "La Restricción de los Derechos Fundamentales".

[122] No obstante lo vacilante de la jurisprudencia venezolana, conviene citar la Sentencia número 906 del 1 de junio de 2001, de la Sala Constitucional del Tribunal Supremo de Justicia, en el caso Distribuidora Baibery Sun 2002, C.A. (http://www.tsj.gov.ve/decisiones/scon/junio/906-010601-00-2129.HTM), en la que se lee: *"Respecto a los derechos constitucionales alegados como infringidos por la accionante, relativos al libre tránsito de bienes, libertad económica y derecho a la propiedad, consagrados en los artículos 64, 96 y 99 de la derogada Constitución, respectivamente, la Sala estima que en el presente caso tampoco se configura la lesión de los referidos derechos por la aplicación de la Resolución N° 4069 de fecha 2 de septiembre de 1998 y publicada en la Gaceta Oficial de la República de Venezuela el 4 de*

Para terminar con esta presentación del régimen general de las limitaciones o restricciones a los derechos humanos, conviene precisar lo que se conoce como el test democrático.

La vinculación entre el reconocimiento y el pleno goce de los derechos humanos y el sistema democrático, al grado que lo uno no puede existir ni ser concebido sin lo otro, ha sido claramente destacado en los textos principistas y convencionales que rigen la materia, tales como:

La Declaración Universal de los Derechos Humanos (artículo 29.2):

"En el ejercicio de sus derechos y en el disfrute de sus libertades, toda persona estará solamente sujeta a las limitaciones establecidas por la ley con el único fin de asegurar el reconocimiento y el respeto de los derechos y libertades de los demás, y de satisfacer las justas exigencias de la moral, del orden público y del bienestar general en una sociedad democrática".

La Convención Americana sobre Derechos Humanos (artículo 32.2):

"Los derechos de cada persona están limitados por los derechos de los demás, por la seguridad de todos y por las justas exigencias del bien común, en una sociedad democrática".

La Declaración Americana de los Derechos y Deberes del Hombre del 2 de mayo de 1948 (artículo XXVIII):

"Los derechos de cada hombre están limitados por los derechos de los demás, por la seguridad de todos y por las justas exigencias del bienestar general y del desenvolvimiento democrático".

Y la Carta Democrática Interamericana, del 11 de septiembre de 2001 (artículo 7):

---

septiembre del mismo año, ya que las limitaciones que establezca la propia Constitución y las leyes de un derecho fundamental, no implican en modo alguno que el mismo se haga nugatorio o que sea infringido, toda vez que para que exista tal menoscabo, debe verse afectado el núcleo esencial del derecho constitucional que se denuncia vulnerado, esto es, su contenido esencial como las características mínimas que lo consagran como derecho fundamental, y no el ejercicio de sus diversas manifestaciones. Así se declara".

*"La democracia es indispensable para el ejercicio efectivo de las liber-
tades fundamentales y los derechos humanos, en su carácter universal, indivisible e interdependiente, consagrados en las respectivas
constituciones de los Estados y en los instrumentos interamericanos e
internacionales de derechos humanos".*

En este sentido, sólo podrá asumirse como lícita y proporcionada una medida limitativa o restrictiva de un derecho humano, y
asimismo como respetuosa de su contenido esencial[123], cuando la
misma sea concorde con los principios y valores democráticos,
concretándose el derecho a la democracia sustancial que tenemos
todos[124].

---

[123]   César Landa, *opus cit.* (internet): "*...en caso de colisión no siempre se resuelve con
el indubio por libertate, sino a través del principio de proporcionalidad de los derechos fundamentales, que supone integrar la libertad y la autoridad, sin afectar el núcleo duro de los derechos fundamentales, mediante el principio de armonización y
proporcionalidad*".

"*...es Häberle quien desarrolla la categoría de los límites del legislador en relación
con los derechos fundamentales, reformulando la tesis de la reserva de ley y postu-
lando la tesis central de contenido esencial Wesensgehaltgarantie de los derechos
fundamentales, como formula sintética que encierra el concepto de valor que se encuentra en cada derecho fundamental*".

"*...se puede hablar de una teoría absoluta que indaga sobre el mínimo intangible de
un derecho fundamental, y de una teoría relativa que busca otros valores y bienes
constitucionales que justifiquen limitar los derechos fundamentales*".

"*... establecer una teoría de los límites inmanentes directos o indirectos del legislador
que hagan inmunes el contenido esencial de los derechos fundamentales de las mayorías parlamentarias transitorias*".

[124]   Germán Bidart Campos, *opus cit.* (p. 355): dentro de la democracia y su sistema de valores, "Si en la constitución hay un valor, hay también algo a lo que
se le reconoce valiosidad, y si es así, no cabe mayor duda de que ese mismo
valor se erige en un principio al que hay que prestar desarrollo y aplicación
para que el valor se realice con signo positivo".

En la Opinión Consultiva OC-5/85 del 13 de noviembre de 1985, dictada por
la Corte Interamericana de Derechos Humanos, sobre la Colegiación Obligatoria de Periodistas (http://www.corteidh.or.cr/docs/opiniones/seriea_05_
esp.pdf), se observan estas ideas: "*44. Es cierto que la Convención Europea utiliza la expresión "necesarias en una sociedad democrática", mientras que el artículo 13
de la Convención Americana omite esos términos específicos. Sin embargo, esta diferencia en la terminología pierde significado puesto que la Convención Europea no
contiene ninguna provisión comparable con el artículo 29 de la Americana, que dispone reglas para interpretar sus disposiciones y prohíbe que la interpretación pueda
"excluir otros derechos y garantías... que se derivan de la forma democrática representativa de gobierno". Debe enfatizarse, también, que el artículo 29 d) de la Convención Americana prohíbe toda interpretación que conduzca a "excluir o limitar el efec-*

Sección Segunda: La Indebida Limitación o Restricción del Derecho Humano a la Participación Ciudadana en las así llamadas "Leyes del Poder Popular", en Venezuela.

a) Ley de los Consejos Comunales:

En nuestra Venezuela de hoy, donde se habla tanto de democracia participativa y protagónica, de más poder para el pueblo, de la revalorización del proselitista y propagandísticamente llamado "Poder Popular" (por cierto sin previsión constitucional como tal), y de tantas otras consignas por el estilo, en lugar de contar con un gobierno y una Administración Pública que se comporten como aquel maestro, profesor o facilitador enriquecedor del espíritu y de la libertad, al mejor estilo de los educadores Simón Rodríguez, venezolano, y Paulo Freire, brasileño, y estar al servicio de la ciudadanía, al contrario, las autoridades encabezan proyectos normativos como el que se concretó en la Ley de los Consejos Comunales que fuera publicada en la Gaceta Oficial Extraordinaria número 5.806 del 10 de abril de 2006 (hoy derogada y sustituida como lo veremos), donde se puso de manifiesto el control decisivo que la Presidencia de la República ejercía, ejerce y habría de ejercer sobre el pretendido "Poder Popular"[125], tornándolo en un verdadero

---

to que puedan producir la Declaración Americana de Derechos y Deberes del Hombre...", reconocida como parte del sistema normativo por los Estados Miembros de la OEA en el artículo 1.2 del Estatuto de la Comisión. El artículo XXVIII de la Declaración Americana de los Derechos y Deberes del Hombre por su parte, dice lo siguiente: Los derechos de cada hombre están limitados por los derechos de los demás, por la seguridad de todos y por las justas exigencias del bienestar general y del desenvolvimiento democrático. Las justas exigencias de la democracia deben, por consiguiente, orientar la interpretación de la Convención y, en particular, de aquellas disposiciones que están críticamente relacionadas con la preservación y el funcionamiento de las instituciones democráticas".

[125] Carlos Romero, "El Poder Popular como Propuesta Gubernamental en Venezuela (2004-2013)" (p. 55): *"Mientras el Poder Popular ha venido conformándose a su manera y ritmo, de manera simultánea ha venido debilitando progresivamente la institucionalidad del Estado prevista en la Constitución de 1999, logrando con ello imponer la participación ciudadana de manera exclusiva a través de las organizaciones del Poder Popular y bajo los lineamientos que el gobierno central imponga".*

Gérard Fellous, "Les Droits de l'Homme. Une Universalité Menacée" (p. 219): *"Cette emergence des ONG s'accompagne de phénomenes nouveaux comme l'apparition de GONGO (Governemental non-Governemental Organizations), créées en sous-main par les gouvernements violateurs pour manipuler les forums auxquels ells ont accés".*

apéndice suyo[126], y desdibujando el rol que corresponde a la sociedad civil[127], por medio de organizaciones no gubernamentales de naturaleza espontánea, para el fomento real de una verdadera democracia participativa.

Lo anterior se desprende de la institución de la Comisión Presidencial del Poder Popular, llamada a intervenir o interferir incluso desde las fases promotoras de los consejos comunales (artículo 15.1), siendo la comisión promotora la llamada a convocar, conducir y organizar a la "Asamblea Constituyente Comunitaria" (artículo 16), electora de los voceros, voceras y entes de control del consejo comunal (artículo 19), y que debía aprobar los estatutos, para su inscripción ante la Comisión Presidencial del Poder Popular (artículo 21.5), sin lo cual no se adquiría personalidad jurídica (artículo 20)[128]. Por si fuera poco, en lugar de subordinarse a la Contraloría General de la República (como entidades gubernamentales que obviamente son), los miembros de los órganos económico-financieros de los consejos comunales debían presentar declaraciones juradas de patrimonio ante la Comisión Presidencial del Poder Popular (artículo 27).

El extraordinario efecto centralizador y concentrador del poder (en suma autoritario y totalitario), en la figura presidencial, se evidencia de la enumeración de las funciones de la Comisión Nacional Presidencial del Poder Popular (artículo 30): <u>orientar, coordinar y evaluar el desarrollo de los consejos comunales</u> a nivel nacional, regional y local; fortalecer el impulso del poder popular en el marco de la democracia participativa y protagónica, y el desarrollo endógeno, dando impulso al desarrollo humano integral que eleve la

---

[126]   José Luís Villegas Moreno, "Doscientos Años de Municipalismo" (pp. 225 y 226): "*…debemos señalar que la naturaleza jurídica de los Consejos Comunales no es clara. De un lado, se presentan como organizaciones de la sociedad civil en el ámbito comunitario, para realizar y promover la realización de actividades de interés general. Del otro, son administradores de dineros públicos, por lo que las personas a las que corresponda esta función pasan a ser empleados públicos, con las correspondientes consecuencias que ello implica*".

[127]   Lastimosamente se empieza a recorrer el erróneo camino marcado en Brasil, cuando se desarrollaron las llamadas OSCIP (organizaciones de la sociedad civil de interés público).

[128]   De suyo esto lesiona gravemente la libertad asociativa y crea un sector discriminado, en cuanto a quienes se constituyen conforme a los mecanismos legales previstos en el Código Civil, como asociaciones y sociedades civiles, y fundaciones.

calidad de vida de las comunidades; generar mecanismos de formación y capacitación; recabar los diversos proyectos aprobados por los consejos comunales; tramitar los recursos técnicos, financieros y no financieros necesarios para la ejecución de los proyectos de acuerdo a los recursos disponibles en el Fondo Nacional de los Consejos Comunales; crear en las comunidades donde se amerite o considere necesario, Equipos Promotores Externos para impulsar la conformación de los consejos comunales; siendo que la definición de la participación de los voceros y voceras de los consejos comunales en esa Comisión (en sus instancias nacional, estadal o municipal), había de hacerse conforme a lo que se dispusiera reglamentariamente, al igual que la designación de la Comisión Nacional Presidencial del Poder Popular, de cada Comisión Regional Presidencial del Poder Popular por Estado (artículo 31) y de cada Comisión Local Presidencial del Poder Popular por Municipio (artículo 32), se había de ejecutar previa aprobación del Presidente de la República[129].

Además, es evidente la discriminación en cuanto a otras formas de participación ciudadana, cuando se reservaba a los consejos comunales el financiamiento a través de instituciones como los Poderes Nacional, Estadales y Municipales, o en función de la Ley de Creación del Fondo Intergubernamental para la Descentralización (FIDES) y la Ley de Asignaciones Económicas Especiales derivadas de Minas e Hidrocarburos (LAEE) u otras fuentes (artículo 25). Y hasta se concibió el Fondo Nacional de los Consejos Comunales, cuya junta directiva era enteramente designada por la Presidencia de la República, en Consejo de Ministros y Ministras (artículo 28), para financiar los proyectos comunitarios, sociales y productivos, presentados por la Comisión Presidencial del Poder Popular (artículo 29)[130].

---

[129] Jorge Sánchez Meleán, "Federalismo, Descentralización y Participación en Venezuela (1990-2006)" (p. 635): *"...a este mecanismo de participación se le desvirtúa totalmente del proceso de descentralización, y se le pone a depender de la Presidencia de la República..."*.

José Luís Villegas Moreno, *opus cit.* (p. 224): *"...los Consejos Comunales habían pasado a ser órganos descentralizados funcionalmente (en realidad desconcentrados), adscritos a la Presidencia de la República. Todo ello con la finalidad de someter los Consejos Comunales a la exclusiva regulación de las leyes y de los reglamentos nacionales, lo que significa transformarlos en organismos del Poder Nacional..."*.

[130] Jorge Sánchez Meleán, *opus cit.* (pp. 636 y 637): *"Las comunidades organizadas, asociaciones vecinales y organizaciones no gubernamentales quedan sin ningún fi-*

Claro que, incluso otros textos legales, como el Decreto N°
6.217, con Rango, Valor y Fuerza de Ley Orgánica de la Administración Pública y el Decreto N° 6.265, con Rango, Valor y Fuerza de
Ley de Simplificación de Trámites Administrativos, ambos publicados en Gaceta Oficial del 31 de julio de 2008, mencionan, a la hora de tocar el tema de la promoción (en todo sentido) de la participación ciudadana, que ésta se puede dar a través de los consejos
comunales y demás formas de "organización comunitaria" o de
"organización popular", pero siempre con un marcado e inconstitucional tratamiento desigualitario o discriminatorio, al indicar cada vez *en especial a través de los consejos comunales* o *dándole especial atención a los consejos comunales* y otras expresiones similares,
que terminan, obviamente, desdibujando esa creatividad y espontaneidad[131], conduciendo a la gente, sobre todo a la más necesitada,
que son las grandes mayorías, a buscar organizarse por medio de
estas entidades claramente gubernamentales y dirigidas desde la
misma Presidencia de la República, la Jefatura del Estado y la ca-
beza de la Administración Pública (claramente al servicio de algo
distinto a la idea de ciudadanía).

Este es, sin duda, el régimen legal de mayor penetración por
parte del poder público en la intención de desdibujar la originalidad y encauzar o dirigir, simple y llanamente, la participación
"ciudadana".

Pero en la actualidad, la normativa hoy vigente resulta mucho
más limitativa y restrictiva ilícitamente del derecho humano a la
participación ciudadana, como podrá observarse del conjunto de
leyes que se analizarán a continuación.

¿Es este acaso, el de los consejos comunales, un real "poder
popular", o más bien se trata de una efectiva confiscación de los

---

*nanciamiento establecido en la ley. Son desplazadas por consejos comunales maneja-
dos desde la Presidencia de la República".*

131 Raúl Mora Nava, *opus cit.* (p. 519): *"un modelo altamente formalizado podría implicar el riesgo de fomentar apatía en la sociedad, en virtud de la serie de eslabones
impuestos normativa y administrativamente para hacer efectiva la participación ciudadana; además, que sea el Estado el único actor que determine de qué forma se ejercerá la participación y bajo qué condiciones, resta importancia al rol de la sociedad, y
a los mecanismos que esta pudiera diseñar con base en sus necesidades, experiencias y
funcionalidad".*

poderes creadores del pueblo, a los que alude el gran literato venezolano Aquiles Nazoa, en su famoso poema "Credo"[132]?

La respuesta salta a la vista, de la consideración de los textos con rango de ley que a continuación se comentan, entre otros, pero de los que éstos son una muestra más que fidedigna de lo que se desea denunciar, siendo, por cierto, que a todos se les dio carácter orgánico. Veamos:

b) **Ley Orgánica de los Consejos Comunales**:

En la Gaceta Oficial número 39.335 del 28 de diciembre de 2009 apareció publicada esta ley, derogatoria de la anterior, que comienza por haberse dado carácter orgánico a una materia ya regulada con anterioridad en una ley ordinaria, sin que quede clara la justificación jurídica al respecto.

En su artículo 1 se define nítidamente su objeto, como sigue:

"La presente Ley tiene por objeto regular la constitución, conformación, organización y funcionamiento de los consejos comunales como una instancia de participación para el ejercicio directo de la soberanía popular y su relación con los órganos y entes del Poder Pú-

---

[132] *"Creo en Pablo Picasso, Todopoderoso, Creador del Cielo y de la Tierra; creo en Charlie Chaplin, hijo de las violetas y de los ratones, que fue crucificado, muerto y sepultado por el tiempo, pero que cada día resucita en el corazón de los hombres, creo en el amor y en el arte como vías hacia el disfrute de la vida perdurable, creo en el amolador que vive de fabricar estrellas de oro con su rueda maravillosa, creo en la cualidad aérea del ser humano, configurada en el recuerdo de Isadora Duncan abatiéndose como una purísima paloma herida bajo el cielo del mediterráneo; creo en las monedas de chocolate que atesoro secretamente debajo de la almohada de mi niñez; creo en la fábula de Orfeo, creo en el sortilegio de la música, yo que en las horas de mi angustia vi al conjuro de la Pavana de Fauré, salir liberada y radiante de la dulce Eurídice del infierno de mi alma, creo en Rainer María Rilken héroe de la lucha del hombre por la belleza, que sacrificó su vida por el acto de cortar una rosa para una mujer, creo en las flores que brotaron del cadáver adolescente de Ofelia, creo en el llanto silencioso de Aquiles frente al mar; creo en un barco esbelto y distintísimo que salió hace un siglo al encuentro de la aurora; su capitán Lord Byron, al cinto la espada de los arcángeles, junto a sus sienes un resplandor de estrellas, creo en el perro de Ulises, en el gato risueño de Alicia en el país de las maravillas, en el loro de Robinson Crusoe, creo en los ratoncitos que tiraron del coche de la Cenicienta, en Beralfiro el caballo de Rolando, y en las abejas que laboran en su colmena dentro del corazón de Martín Tinajero, creo en la amistad como el invento más bello del hombre, creo en los poderes creadores del pueblo, creo en la poesía y en fin, creo en mí mismo, puesto que sé que alguien me ama"*.
(http://www.mundopoesia.com/foros/showthread.php?t=248248).

blico para la formulación, ejecución, control y evaluación de las políticas públicas, así como los planes y proyectos vinculados al desarrollo comunitario".

Posteriormente, en su artículo 2, no obstante que se habla de estos consejos comunales como si se tratara de una instancia de participación más, se aprecia evidentemente que en realidad se los considera como la instancia única con exclusión de otras, en cuanto toca al gobierno comunitario y a la gestión directa, además de que se dispone la ideologización de la actividad ciudadana, en pos de la construcción de un modelo de sociedad socialista, carente de sustento constitucional[133], siendo el pluralismo político[134] uno de los pilares del texto fundamental[135]:

---

[133] Allan Randolph Brewer-Carías, "¿Reforma Administrativa en Venezuela? O la transformación no siempre planificada de la Administración Pública, para la implementación de un Estado Socialista al margen de la Constitución, mediante la multiplicación, dispersión y centralización de sus órganos y entes" (p. 8): *"El tratamiento del tema de la "reforma administrativa" en Venezuela durante la última década, lejos de poder referirse a un plan de transformación de la Administración Pública elaborado e implementado coherentemente por los órganos del gobierno, en realidad sólo puede referirse al proceso de cambios o transformaciones que se han introducido en la Administración Pública tendientes a implementar las políticas públicas de un Estado Socialista que se ha venido desarrollando al margen de la Constitución, y que se pueden caracterizar en las siguientes cuatro tendencias: en primer lugar, por la multiplicación de la Administración Ministerial sin plan preconcebido alguno; en segundo lugar, por la dispersión de la organización de la Administración Pública nacional, al establecerse nuevas organizaciones en paralelo a la Administración Ministerial; en tercer lugar, por la centralización de la totalidad del universo de la Administración Pública, lesionándose la autonomía de los entes descentralizados territorial y funcionalmente, sometidos todos a una planificación centralizada; y en cuarto lugar, por la implementación en paralelo a la Administración del Estado Constitucional, de una organización administrativa propia de un sistema de economía comunal, con la multiplicación de empresas estatales";* (p. 24): *"A pesar de que la reforma constitucional fue rechazada por el pueblo mediante referendo de diciembre de 2007, la misma fue inconstitucionalmente implementada en leyes sucesivas, hasta culminar con el conjunto de leyes relativas al Poder Popular y al Estado Comunal dictadas en Venezuela en diciembre de 2010, mediante las cuales se impuso al país un sistema socialista, por el cual nadie ha votado y al contrario fue rechazado popularmente, habiéndose sancionado entre ellas, la Ley Orgánica del Sistema Económico Comunal...".*

Armando Rodríguez García, *opus cit.* (p. 54): *"Tal es el caso que viene presentando la práctica política venezolana, dentro de una pretendida revolución, que apunta irracional y decididamente hacia el desmantelamiento de las instituciones locales –que desde luego, por su esencia democrática, resultan un grueso estorbo a los objetivos centralistas y totalitarios propios de un régimen autocrático-, para instalar un supuesto Estado Comunal, a través de una secuencia de instrumentos normativos, que comienzan tímidamente con una Ley de Consejos Comunales, del año 2006 (reformada en 2009, dándole rango de Ley Orgánica). Más adelante, en abierta contrariedad e irrespeto al resultado del referéndum votado el 2 de diciembre de 2007, que negó la propuesta de reforma constitucional, se produce una avalancha de leyes, dirigidas a la instalación de un llamado "Poder Popular", que no encuentra referencia alguna –ni nominativa, ni mucho menos conceptual- en el marco que determinan las disposiciones constitucionales dentro del indicado objetivo del Estado Comunal, barnizadas con la técnica de darla con queso, antes aludida. En efecto, el esquema que se indica se mercadea haciendo ver que se trata de fortalecer la presencia efectiva del ciudadano, cuando en realidad, en contenido normativo se concentra en el montaje de un tinglado dispuesto para el amarre directo de las comunidades al Poder Ejecutivo Nacional, en una tan absurda como pervertida caricatura de organización que ubica un pretendido "Poder Popular" –se insiste, no previsto ni permitido constitucionalmente- dentro de otro Poder, que es, desde luego, el Poder Ejecutivo ".*

José Luís Villegas Moreno, *opus cit.* (pp. 214 y 215): *"En conclusión, si bien la reforma constitucional fue rechazada por el pueblo en el referéndum de 02-12-07, la intención del Ejecutivo Nacional es seguir con una conducta centralista y tratando de imponer autoridades e instituciones que él pueda controlar directamente...".*

134   Luis Carlos Sachica, *Derecho Constitucional de la Libertad* (p. 63): *"En un pluralismo social, que es el clima propicio para la libertad, finalmente, es esencial el derecho y la libertad de asociación. Esto es, la facultad para organizarse en acción colectiva con fines lícitos, en empresa común que super a las limitaciones individuales, con el aporte, la cooperación y el esfuerzo solidarios. Pero, sin que nadie esté obligado a asociarse, ni las asociaciones que se autoricen sean únicas.*

El pluralismo es la democracia tolerante, creyente en el pueblo capaz de actuar con independencia, en su propio interés y con su propia motivación".

135   Artículo 2 de la Constitución: *"Venezuela se constituye en un Estado democrático y social de Derecho y de Justicia, que propugna como valores superiores de su ordenamiento jurídico y de su actuación, la vida, la libertad, la justicia, la igualdad, la solidaridad, la democracia, la responsabilidad social y en general, la preeminencia de los derechos humanos, la ética y el pluralismo político".*

Allan Randolp Brewer-Carías, "El Autoritarismo establecido en fraude a la Constitución y a la democracia, y su formalización en Venezuela mediante la Reforma Constitucional" (pp. 51 y 52): *"...la participación, a la vez, si a algo se contrapone no es a la representación, sino a la "exclusión" política, de manera que la dicotomía que en este plano surge es entre "democracia participativa" o de inclusión y "democracia de exclusión" o exclusionista. Y esto es precisamente lo que no se tiene claro cuando se habla de democracia participativa, ..., queriendo referirse a los mecanismos de democracia directa; y en otros deliberadamente confundiéndose los conceptos, para buscar la eliminación o minimización de la representatividad, y establecer una supuesta relación directa entre un líder mesiánico y el pueblo, a través de los mecanismos institucionales incluso paralelos a los propios órganos electos del Estado, dispuestos para hacerle creer al ciudadano que participa, cuando lo que se está es sometiéndolo al control del poder central".*

Fernando Flores Giménez, *opus cit.* (p. 77): *"...el parlamento y los partidos, como la prensa libre, son elementos esenciales del sistema democrático, pero son insuficien-*

"Los consejos comunales, en el marco constitucional de la democracia participativa y protagónica, son instancias de participación, articulación e integración entre los ciudadanos, ciudadanas y las diversas organizaciones comunitarias, movimientos sociales y populares, que permiten al pueblo organizado ejercer el gobierno comunitario y la gestión directa de las políticas públicas y proyectos orientados a responder a las necesidades, potencialidades y aspiraciones de las comunidades, en la construcción del nuevo modelo de sociedad socialista de igualdad, equidad y justicia social".

En el artículo 3 se menciona el fin de establecer la base socio-política del socialismo, acerca de lo cual el artículo 4 alude a una denominada *"economía comunal"*, según la cual lo que hagan las comunidades en el ámbito productivo debe ser *"de acuerdo con lo establecido en el Sistema Centralizado de Planificación"*[136]. Es decir, según los designios del Poder Ejecutivo Nacional.

!Empero, la Constitución establece que Venezuela es un Estado Descentralizado![137]

Por otro lado, luego de una serie de dispositivos en donde se regula hasta el detalle el mecanismo constitutivo de los consejos comunales, el artículo 17 reitera la derogada normativa, en cuanto concierne a la adquisición de la personalidad jurídica, mediante

---

tes y por sí solos causantes de su degeneración. El monopolio que ejercen puede y ha de ser roto por la participación ciudadana que debe estar guiada por los principios de la igualdad, el pluralismo político y la deliberación".

[136] Efectivamente implementado con la aprobación del Decreto N° 5.841, con rango de Ley Orgánica de Creación de la Comisión Central de Planificación, publicado en la Gaceta Oficial Extraordinaria N° 5.841 del 22 de junio de 2007, reformado mediante Decreto N° 8.006, publicado en la Gaceta Oficial N° 39.604 del 28 de enero de 2011, con la finalidad de establecer *"el modelo socialista"* (artículo 2), *"conforme a la planificación centralizada"* (artículo 14).

[137] Artículo 4 de la Constitución: *"La República Bolivariana de Venezuela es un Estado Federal descentralizado..."*.

Fernando Flores Giménez, *opus cit.* (p. 78): *"...el de participación va irrevocablemente unido a otro de los principios fundamentales establecidos en la CV, el principio de descentralización ..."*.

Dan Bernfeld, "Un nouvel enjeu: la participation" (p. 14): "Il s`agit de substituer a des pouvoirs supercentralisés et tentaculaires –résultat des crises successives du modele représentatif- des pouvoirs décentralisés et largement redistribués aux usagers".

registro ante el Poder Ejecutivo Nacional[138], esta vez por órgano del *"Ministerio del Poder Popular con competencia en materia de participación ciudadana"*[139], con el agravante de que el ministerio puede negarse al registro (artículo 18) si observa que se persiguen fines distintos a los previstos en la ley, donde se exige que se busque la instauración del socialismo[140]. Además, el artículo 28 deja al reglamen-

---

[138] Arturo Peraza, "Dos Modelos de Participación. Uno solo democrático", p. 102: Buscando la exclusión del pluralismo, "ante la necesidad de coordinar a las diversas pequeñas comunidades, en virtud de la existencia de los Estados Nacionales, la respuesta que encuentra el modelo de descentralización política es crear una única instancia central de coordinación de corte monocrático. El partido. Así sucedió en la Unión Soviética durante el período Leninista y Stalinista. También ocurrió lo mismo en Yugoslavia e incluso en Cuba. El motivo de esta estructura es que la democracia participativa se piensa como contradictoria a la democracia representativa".

[139] Cabe destacar que desde ese entonces el Gobierno incorporó la expresión *"Ministerio del Poder Popular"* en los nombres de todos los ministerios, en una muestra burda de demagogia y populismo, pues los ministros son constitucionalmente referidos en el artículo 242 como órganos directos del Presidente de la República. Sin embargo, esto sirve para poner de manifiesto cómo se subordina en la práctica y en la normativa al así llamado Poder Popular, al Poder Ejecutivo Nacional.

[140] La evidente discriminación que esto conlleva fue denunciada en el Diario El Universal, de Caracas, Venezuela, en su edición del 1 de agosto de 2011, por la periodista Delia Meneses, dando cobertura al organismo elocuentemente denominado "Frente Nacional de Consejos Comunales Excluidos", con este texto: *"Según el último cálculo del Frente Nacional de Consejos Comunales Excluidos, la cifra de organizaciones a las que Fundacomunal les niega el registro formal ya alcanzó las 2.400. El resultado: muchos proyectos vecinales paralizados y líderes comunitarios desanimados y apáticos.*

De los más de 80 consejos comunales que existen en el municipio Baruta, solo 20 están reconocidos por el Ministerio de las Comunas y de esos, solo 4 son adversos al Gobierno. A juicio de Kiomara Scovino, miembro del consejo comunal de Prados del Este, la ejecución de proyectos se ha convertido en una labor cuesta arriba. "A nosotros nos acaban de devolver una solicitud que presentamos ante la Gobernación de Miranda porque no estamos registrados. Para que el Consejo Federal de Gobierno nos apruebe los recursos debemos presentar la certificación de registro y no la tenemos. Están entorpeciendo la labor de los consejos comunales por una cuestión política". El proyecto que quedó a la deriva contemplaba la creación de un centro de capacitación y manejo de Internet para personas de la tercera edad que iba a funcionar en la casa parroquial.

"Algunos pudieran pensar que es una cuestión banal, pero para esta comunidad reviste gran importancia. En Prados del Este la población de la tercera edad es elevadísima. La mayoría se ha quedado sola porque sus hijos se fueron al exterior. Usar Internet les da la oportunidad de mantenerse informados y en contacto con sus familiares".

to de la ley (que es dictado por el Presidente de la República), la determinación de las funciones de los comités de trabajo del consejo comunal. Y el artículo 34 ordena que a ese ministerio se entreguen las declaraciones juradas de patrimonio de los voceros y voceras de la unidad de gestión financiera comunitaria del consejo comunal.

Patético en cuanto a lo que se denuncia y pone a la vista el carácter claramente gubernamental de estos entes[141] figura el artículo

---

Así como este, otros proyectos se encuentran paralizados porque el presupuesto del municipio Baruta es insuficiente para responder a todos. El consejo comunal de Terrazas del Club Hípico, que se constituyó con los votos de 1.075 personas de una comunidad de 3.000, tenía todas sus esperanzas puestas en la construcción de una plaza pública, en un espacio ubicado al lado del centro comercial Terras, que sirviera para las reuniones vecinales y funcionara como sede del consejo comunal y del club de abuelos. Por la envergadura del proyecto la alcaldía no puede costearlo. Desde que nos constituimos como consejo comunal el 11 de abril de 2010 no hemos logrado que nos asignen recursos. Cada vez que vamos a consignar los requisitos para el registro nos piden un documento nuevo. El último requerimiento que tiene frenada la inscripción es la declaración jurada de bienes de algunos de los miembros", explica Sofía de Jiménez, del consejo comunal de Terrazas del Club Hípico.

Las personas dejan de asistir a las reuniones y están muy desanimadas, comenta Verónica Rodríguez, vecina de Chacao. En este municipio hay 28 consejos comunales, pero solo dos están registrados formalmente por su identificación con el Gobierno. "Los otros están actuando de hecho, pero no de derecho", explica el líder comunitario Gretzky González.

En el municipio Sucre hay más de 90 obras de contención pendientes a raíz de las lluvias de 2010. El municipio asumió este proceso apenas con recursos propios, sin presupuesto del Gobierno Central. En Baruta pasa lo mismo. Si los consejos comunales recibieran recursos pudieran invertirse, según Scovino, en los huecos y la capa de rodamiento que está deteriorada en todo el municipio. También en la estabilización de taludes en Santa Rosa de Lima y Colinas de Bello Monte.

"Esta es la burla política más descarada que se le ha hecho a las comunidades. Cuando intentamos hacer el registro del consejo comunal los que recibían los papeles aclaraban: 'recuerden que esto es para la revolución, el que no es socialista no entra', recuerda Scovino".

[141] José Luís Villegas Moreno, "La Irrupción de la Comuna en el Escenario del Poder Público Municipal: Jaque al Municipio Constitucional" (p. 257): "...*la naturaleza juridicial de los consejos comunales no es clara. De un lado, se presentan como organizaciones de la sociedad civil en el ámbito comunitario, para realizar y promover la realización de actividades de interés general. Del otro, son administradores de dineros públicos, por lo que las personas a las que corresponda esta función pasan a ser empleados públicos, con las correspondientes consecuencias que ello implica*".

Edgardo Lander, "Venezuela: La Experiencia Bolivariana en la Lucha por Trascender al Capitalismo" (p. 37): "Las leyes de los Consejos Comunales y de las Comunas especifican con gran detalle el propósito de estas organiza-

56, dentro del Capítulo VII "Relación de los consejos comunales con los órganos y entes del Poder Público", en su Sección Primera "Del Ministerio del Poder Popular con Competencia en Participación Ciudadana", en donde bajo el intitulado "Rectoría", se estatuye

> *"El ministerio del poder popular con competencia en materia de participación ciudadana dictará las políticas estratégicas, planes generales, programas y proyectos para la participación comunitaria en los asuntos públicos y acompañará a los consejos comunales en el cumplimiento de sus fines y propósitos, y facilitará la articulación en las relaciones entre éstos y los órganos y entes del Poder Público".*

En otro orden de ideas, de suma gravedad aparece la confiscación y la tergiversación de la previsión constitucional de las asambleas de ciudadanos y ciudadanas, pues mientras que la Constitución (artículo 70) las evoca como un mecanismo de participación ciudadana en general, no circunscrito dentro de ninguna estructura organizativa en especial, con la particularidad de que sus decisiones son vinculantes, resulta que esta ley, en su artículo 20 las reserva como parte de un consejo comunal y además, peor aún, señala que sus decisiones son vinculantes para el consejo comunal, cuando la interpretación racional de un texto constitucional que propende a completar la representatividad con elementos de democracia directa, es que ese carácter vinculante lo sea para las autoridades públicas[142]. Es de perogrullo que las decisiones de las asambleas de miembros son vinculantes para los directores de las entidades jurídicas respectivas:

---

ciones, cómo deben estar estructuradas y las atribuciones específicas de cada parte de la organización. Estas normas detalladas sugieren que estas organizaciones son concebidas como parte de la estructura del Estado".

Este mismo autor reconoce además cómo se vulneró la creatividad ciudadana con la obligatoriedad de estas figuras (p. 37): "Las contradicciones entre autonomía y control vertical desde el Estado se acentúan a partir de los años 2005-2007 con la definición de la revolución bolivariana como socialista. A partir de esa época se profundiza no solo el control vertical desde el Estado, sino que se busca reducir la rica pluralidad de formas organizativas que había para transformarlas en modalidades organizativas estandarizadas".

[142] Fernando Flores Giménez, *opus cit.* (p. 81): *"...la ley que lo desarrolle habrá de determinar muy bien el ámbito espacial y material de las asambleas, así como las condiciones para su ejercicio, pues las decisiones que en ella se adopten han de tener efectos frente al resto de ciudadanos y frente a los poderes públicos que, en su caso, habrán de poner los medios para hacerlas efectivas".*

"La Asamblea de Ciudadanos y Ciudadanas es la máxima instancia de deliberación y decisión para el ejercicio del poder comunitario, la participación y el protagonismo popular, sus decisiones son de carácter vinculante para el consejo comunal en el marco de esta Ley".

El carácter preferente que se le da a estas estructuras organizativas, con respecto a otras, lo cual menoscaba claramente la libertad asociativa y el derecho a la igualdad, se vislumbra de la previsión del artículo 28, que dispone que la asamblea de ciudadanos y ciudadanas deberán incorporarlas al consejo comunal:

"En los casos en que hubiere otras formas organizativas establecidas en la comunidad, diferentes a las señaladas en la presente Ley, ésta deberá incorporarlas a la constitución, funcionamiento y atribuciones de los comités de trabajo de la Unidad Ejecutiva, de conformidad con la normativa que los regula".

Igualmente, la discriminación se distingue en la norma del artículo 59:

"Los órganos y entes del Estado en sus relaciones con los consejos comunales darán preferencia a la atención de los requerimientos que éstos formulen y a la satisfacción de sus necesidades, asegurando el ejercicio de sus derechos cuando se relacionen con éstos. Esta preferencia comprende:

1. Especial atención de los consejos comunales en la formulación, ejecución y control de todas las políticas públicas.

2. Asignación privilegiada y preferente, en el presupuesto de los recursos públicos para la atención de los requerimientos formulados por los consejos comunales.

3. Preferencia de los consejos comunales en la transferencia de los servicios públicos".

Y en la Disposición Transitoria Primera que alude a un Fondo Nacional de los Consejos Comunales, obviamente con discriminación de las formas infinitas de organización y participación ciudadanas posibles, distintas de esos consejos comunales.

c. **Ley Orgánica del Poder Popular:**

En la Gaceta Oficial Extraordinaria número 6.011 del 21 de diciembre de 2010 apareció publicada esta ley, la cual podría tener explicado su carácter orgánico, si se la entendiera como marco normativo de las demás leyes en análisis, pero que la idea se desdibuja, cuando se recuerda que a todo este conjunto normativo se le dio ese carácter orgánico.

Ahora bien, ante todo cabe destacar su objeto, derivado de su artículo 1:

"La presente Ley tiene por objeto desarrollar y consolidar el Poder Popular, generando condiciones objetivas a través de los diversos medios de participación y organización establecidos en la Constitución de la República, en la ley y los que surjan de la iniciativa popular, para que los ciudadanos y ciudadanas ejerzan el pleno derecho a la soberanía, la democracia participativa, protagónica y corresponsable, así como a la constitución de formas de autogobierno comunitarias y comunales, para el ejercicio directo del poder".

Y la definición del tal Poder Popular, en su artículo 2:

"El Poder Popular es el ejercicio pleno de la soberanía por parte del pueblo en lo político, económico, social, cultural, ambiental, internacional, y en todo ámbito del desenvolvimiento y desarrollo de la sociedad, a través de sus diversas y disímiles formas de organización, que edifican el estado comunal".

De estas normas notoriamente demagógicas y populistas se observan dos cosas. La primera, relacionada con una supuesta idea de libertad acerca de las estructuras ciudadanas para la participación, cuando sabemos, que todo gira en realidad a favor de los consejos comunales; y, la segunda, vinculada con la referencia a un pretendido Estado Comunal, inexistente en la Constitución y hasta contrario a sus previsiones institucionales.

El tema ideologizante se materializa nuevamente en el artículo 5 de esta ley, al afirmar que la organización y participación del pueblo en el ejercicio de su soberanía se rige por los principios y valores socialistas, y queda exacerbado en el artículo 7, junto a la por demás evidente vinculación gubernamental, cuando sus numerales 1, 4 y 5 fijan dentro de los fines del Poder Popular:

"Impulsar el fortalecimiento de la organización del pueblo, en función de consolidar la democracia protagónica revolucionaria y construir las bases de la sociedad socialista, democrática, de derecho y de justicia".

"Promover los valores y principios de la ética socialista: la solidaridad, el bien común, la honestidad, el deber social, la voluntariedad, la defensa y protección del ambiente y los derechos humanos". Y,

"Coadyuvar con las políticas de Estado en todas sus instancias, con la finalidad de actuar coordinadamente en la ejecución del Plan de Desarrollo Económico y Social de la Nación y los demás planes que se establezcan en cada uno de los niveles políticos-territoriales y las instancias político-administrativas que la ley establezca".

En idéntico sentido el artículo 11, numeral 1, indica como fin de las organizaciones del Poder Popular :

"Consolidar la democracia participativa y protagónica, en función de la insurgencia del Poder Popular como hecho histórico para la construcción de la sociedad socialista, democrática, de derecho y de justicia".

Y el artículo 15, luego de definir a los consejos comunales como instancia privilegiada nuevamente, alude a la comuna como *"espacio socialista"*.

En el artículo 8 se define a la comunidad organizada de manera muy diferente al entendimiento que de sociedad civil se aprecia en el ámbito internacional, al restringir gravemente la noción a entes gubernamentalmente involucrados:

"Constituida por las expresiones organizativas populares, consejos de trabajadores y trabajadoras, de campesinos y campesinas, de pescadores y pescadoras y cualquier otra organización social de base, articulada a una instancia del Poder Popular debidamente reconocida por la ley y registrada en el Ministerio del Poder Popular con competencia en materia de participación ciudadana".

El mismo artículo, en un desatinado intento de concebir al Estado Comunal como una idea con sustento constitucional, que no es el caso, sin perder de vista el esfuerzo ideologizante, lo define así:

"Forma de organización político social, fundada en el Estado democrático y social de derecho y de justicia establecido en la Constitución de la República, en la cual el poder es ejercido directamente por el pueblo, con un modelo económico de propiedad social y de desarrollo endógeno sustentable, que permita alcanzar la suprema felicidad social de los venezolanos y venezolanas en la sociedad socialista. La célula fundamental de conformación del estado comunal es la Comuna".

Desde otra perspectiva, ya no solamente los consejos comunales, sino todas las entidades calificables dentro de la idea de Poder Popular, acorde con el artículo 32, adquieren su personalidad jurídica mediante el registro ante el Ministerio del Poder Popular con competencia en materia de participación ciudadana.

Finalmente, el engranaje entre estas entidades y el gobierno es tal, que la disposición del artículo 24 no deja de ser más que demagogia pura, cuando habla de un supuesto principio de gobernar obedeciendo:

"Todos los órganos, entes e instancias del Poder Público guiarán sus actuaciones por el principio de gobernar obedeciendo, en relación con los mandatos de los ciudadanos, ciudadanas y de las organizaciones del Poder Popular, de acuerdo a lo establecido en la Constitución de la República y las leyes".

d. **Ley Orgánica de Planificación Pública y Popular**:

En la Gaceta Oficial Extraordinaria número 6.011 del 21 de diciembre de 2010 figura publicada esta ley, en cuyo artículo 1 se arranca de una vez con la ideologización, al relacionar la planificación con la construcción de la sociedad socialista, mientras el artículo 3 reitera la regencia de los valores socialistas. Y, todo se hace girar a lo largo del articulado en torno al cumplimiento del Plan de Desarrollo Económico y Social de la Nación, que elabora el Poder Ejecutivo Nacional.

Por otro lado, en lo que se mienta como planificación participativa, el artículo 7 deja ver nuevamente la discriminación a favor de los consejos comunales (que en el artículo 10 son declarados miembros del Sistema Nacional de Planificación) al disponer que:

"Los órganos y entes del Poder Público, durante la etapa de formulación, ejecución, seguimiento y control de los planes respectivos, incorporarán a sus discusiones a los ciudadanos y ciudadanas a través de los consejos comunales, comunas y sus sistemas de agregación".

Siendo que el artículo 41 les confía la elaboración del *"proyecto del Plan Comunal de Desarrollo, el cual deberá ser aprobado en su formulación por el Parlamento Comunal".*

Ahora bien, el carácter altamente centralizado de la planificación no solamente se desprende de la Comisión Central de Planificación evocada en el artículo 16, sino que resulta patentizado en las letras de los artículos 27, 28 y 29:

"Corresponde al Presidente o Presidenta de la República la formulación del Plan de Desarrollo Económico y Social de la Nación, así como su presentación a la Asamblea Nacional para la debida aprobación".

"El Plan de Desarrollo Económico y Social de la Nación es dirigido por el Presidente o Presidenta de la Republica y se ejecuta por intermedio de los órganos e instrumentos dispuestos por el Sistema Nacional de Planificación, de conformidad con lo dispuesto en la presente Ley y demás normativa aplicable".

"Corresponde al Presidente o Presidenta de la República, por órgano del Ministerio del Poder Popular con competencia en materia de planificación pública, a los órganos del Sistema Nacional de Planificación y a la Comisión Central de Planificación, realizar el seguimiento y evaluación del Plan de Desarrollo Económico y Social de la Nación, sin perjuicio de lo dispuesto en la Constitución de la República y la ley".

¿Hay realmente participación ciudadana en el dominio de la planificación?

e. **Ley Orgánica de las Comunas**:

En la Gaceta Oficial Extraordinaria número 6.011 del 21 de diciembre de 2010 se encuentra publicada esta ley, en donde de nuevo se presenta el discurso proselitista en su objeto, cuando el artículo 1 expresa:

"La presente Ley tiene por objeto desarrollar y fortalecer el Poder Popular, estableciendo las normas que regulan la constitución, conformación, organización y funcionamiento de la Comuna, como entidad local donde los ciudadanos y ciudadanas en el ejercicio del Poder Popular, ejercen el pleno derecho de la soberanía y desarrollan la participación protagónica mediante formas de autogobierno para la edificación del estado comunal, en el marco del Estado democrático y social de derecho y de justicia".

Sin que falte el elemento ideologizante en su artículo 2 (entre muchos otros), al otra vez hablar de la regencia de los valores socialistas[143].

---

[143] Vale la pena aclarar que no se trata de cualquier versión posible acerca de los "valores socialistas" o del socialismo en sí, toda vez que mientras que en la *"Ficha de Caracterización de la Comuna"*, elaborada por el Ministerio del Poder

Esta ley, luego de reproducir repetitivamente tantos conceptos contenidos en estas leyes analizadas, define en su artículo 5 a la comuna así:

"Es un espacio socialista que, como entidad local, es definida por la integración de comunidades vecinas con una memoria histórica compartida, rasgos culturales, usos y costumbres, que se reconocen en el territorio que ocupan y en las actividades productivas que le sirven de sustento, y sobre el cual ejercen los principios de soberanía y participación protagónica como expresión del Poder Popular, en concordancia con un régimen de producción social y el modelo de desarrollo endógeno y sustentable, contemplado en el Plan de Desarrollo Económico y Social de la Nación".

Para en su artículo 10 reservar la iniciativa para la constitución de la Comuna a los consejos comunales y a las organizaciones sociales que hagan vida activa en las comunidades organizadas, frente a lo que debemos recordar la manera gubernamental en que es entendida en estas leyes la idea de comunidad organizada; y, en su artículo 12 establecer que se crean por referéndum aprobatorio con mayoría simple de la respectiva carta fundacional.

Empero, conforme al artículo 17, como hemos visto en supuestos anteriores, no se adquiere la personalidad jurídica hasta tanto la comuna no quede registrada ante el órgano facilitador, que según el artículo 63 no es otro que el Ministerio del Poder Popular con competencia en materia de participación ciudadana[144].

Popular para las Comunas y Protección Social, que ha ser presentada por los interesados a dicho ente ministerial, ficha por cierto denominada *"Comunas Socialistas en Construcción"*, se habla entonces del socialismo por todas partes, hay dos datos específicos que ponen de manifiesto que es sólo el socialismo que promociona el gobierno nacional, desde su propio partido, el que cuenta, pues en el rubro 4, descaradamente intitulado "Política", unos de los datos requeridos son la indicación del número de miembros de la comuna inscritos en el Partido Socialista Unido de Venezuela (PSUV), y la señalización del número de Patrullas PSUV (http://www.mpcomunas.gob.ve/wp-content/uploads/2013/09/FICHA_CARACTERIZACION.pdf).

[144] José Luís Villegas Moreno, "La Irrupción de la Comuna en el Escenario del Poder Público Municipal: Jaque al Municipio Constitucional" (p. 260): *"...desde el poder central se ha creado un Ministerio del Poder Popular para las Comunas y Protección Social (17-07-2009), que a través de sus competencias incidirá sobre esta nueva entidad territorial local, lo que evidencia la dependencia de esta figura del poder central".*

Toda la organización y funcionamiento de la comuna está regulado al detalle. Además, en todo cuanto concierne a la posible sinergia con otras entidades pretendidamente ciudadanas, lo que en estas leyes se llama sistemas de agregación comunal, se aprecia la lesión a la libertad asociativa, cuando solamente se consideran a los consejos comunales y las federaciones y confederaciones comunales, puesto que la mención a las demás que se constituyan por iniciativa popular, a que se contrae el numeral 6 del artículo 60, debe interpretarse en el contexto de estas leyes, como aludiendo únicamente a las entidades que se entienden integrando la idea de Poder Popular que ya hemos demostrado[145].

f. Ley Orgánica del Sistema Económico Comunal:

En la Gaceta Oficial Extraordinaria número 6.011 del 21 de diciembre de 2010 se halla publicada esta ley, cuyo objeto de nuevo proselitista y limitativo presente en su artículo 1, es el siguiente:

"La presente Ley tiene por objeto desarrollar y fortalecer el Poder Popular, estableciendo las normas, principios, y procedimientos para la creación, funcionamiento y desarrollo del sistema económico comunal, integrado por organizaciones socioproductivas bajo régimen de propiedad social comunal, impulsadas por las instancias del Poder Popular, del Poder Público o por acuerdo entre ambos, para la producción, distribución, intercambio y consumo de bienes y servicios, así como de saberes y conocimientos, en pro de satisfacer las necesidades colectivas y reinvertir socialmente el excedente, mediante una planificación estratégica, democrática y participativa".

Y, manteniendo el esquema ideolizante, siempre con el mandato del artículo 5 de la regencia de los valores socialistas, dentro de sus finalidades los numerales 3 y 8 del artículo 4 consagra:

"Fomentar el sistema económico comunal en el marco del modelo productivo socialista". E,

---

[145] Marie Picard de Orsini y Judith Useche, "Del Estado Democrático y Social de Derecho y de Justicia al Estado Comunal: El Estado Anónimo" (p. 281): *"…este Estado Comunal anula la vigencia de la Constitución de 1999, por ende, el Estado Democrático y Social de Derecho y de Justicia, el modelo de Estado Descentralizado, secuestra la soberanía popular, pues el voto ciudadano por los alcaldes y gobernadores perderá significación, a medida que el Ejecutivo Nacional amplía su radio de acción a través de las Comunas, e igualmente anula el futuro de la democracia".*

"Incentivar en las comunidades y las comunas los valores y principios socialistas".

En otro orden de ideas, otra vez el ensamblaje entre estas instituciones dichas del Poder Popular y la estructura vertical dependiente del Poder Ejecutivo Nacional se evidencia de la previsión del numeral 10 del artículo 6, que enumera estas organizaciones (*"Constituidas por los diferentes sistemas de agregación comunal: consejos comunales, comunas, ciudades comunales, federaciones comunales, confederaciones comunales y los que, de conformidad con la Constitución de la República y la ley, surjan de la iniciativa popular"*), en conjunto con la del artículo 7 (*"El Ejecutivo Nacional, a través del Ministerio del Poder Popular con competencia en la materia objeto de esta Ley, es el órgano coordinador de las políticas públicas relacionadas con la promoción, formación, acompañamiento integral y financiamiento de los proyectos socioproductivos, originados del seno de las comunidades, las comunas o constituidos por entes del Poder Público, conforme a lo establecido en el Plan de Desarrollo Económico y Social de la Nación, las disposiciones de esta Ley, su Reglamento y demás normativas aplicables"*), y la del artículo 8 (*"Son competencias del órgano coordinador: **1.** Otorgar la personalidad jurídica a las organizaciones socioproductivas"*).

Además, nuevamente en lugar de fomentar la libertad asociativa, el artículo 10 señala hasta la denominación de las formas de organización socioproductiva: Empresa de propiedad social directa comunal, Empresa de propiedad social indirecta comunal, Unidad productiva familiar y Grupos de intercambio solidario, comprendiendo el articulado el régimen constitutivo de ellas y, por supuesto, el artículo 16 reserva la adquisición de la personalidad jurídica al consabido registro ante el Poder Ejecutivo Nacional, por órgano del Ministerio del Poder Popular con competencia en materia de economía comunal (artículo 7), el cual acorde con el artículo 18 podrá negar el registro si no se persiguen las finalidades descritas en la ley, teniendo derecho a la transferencia de servicios, actividades y recursos conforme al artículo 20 y en detrimento discriminatorio de otras formas organizativas libres.

g. **Ley Orgánica de Contraloría Social**:

En la Gaceta Oficial Extraordinaria número 6.011 del 21 de diciembre de 2010 está publicada esta ley, siendo su objeto, con arreglo al artículo 1:

*"La presente Ley tiene por objeto desarrollar y fortalecer el Poder Po-
pular, mediante el establecimiento de las normas, mecanismos y condiciones para la promoción, desarrollo y consolidación de la contraloría social como medio de participación y de corresponsabilidad de los
ciudadanos, las ciudadanas y sus organizaciones sociales, mediante el
ejercicio compartido, entre el Poder Público y el Poder Popular, de la
función de prevención, vigilancia, supervisión y control de la gestión
pública y comunitaria, como de las actividades del sector privado que
incidan en los intereses colectivos o sociales".*

Vemos el trillado discurso proselitista y, asimismo, el artículo 6
alude a la regencia ideologizante de los valores socialistas.

En otro sentido, se descolla que, conforme al artículo 4, el control social no va dirigido solamente a los entes públicos, sino que
abarca también a las entidades del Poder Popular, consejos comunales, comunas y otras que hemos referido anteriormente.

Finalmente, el artículo 9 dispone que, para el ejercicio de la
contraloría social en su modalidad colectiva, será menester que la
entidad cumpla con las formalidades de constitución establecidas
en la esta Ley y se registre en el Ministerio del Poder Popular con
competencia en materia de participación ciudadana. Es decir, que
la entidad contralora dependiente del gobierno, como lo hemos
demostrado, a diverso título, será la encargada de supervisar la actuación del Poder Ejecutivo Nacional y de sus ramificaciones del
Poder Popular, respondiendo a los valores defendidos por el gobierno (que no por el Estado según la Constitución), estando a su
vez condicionada por el sujeto controlado.

h. **Decreto con Rango, Valor y Fuerza de Ley Orgánica para
la Gestión Comunitaria de Competencias, Servicios y otras Atribuciones**:

Para concluir con el análisis de este conjunto normativo, todo
él con rango de ley, tenemos este texto que no es una ley formal, lo
cual de suyo es cuestionable bajo la tesis de que la incidencia en el
desarrollo normativo de los derechos humanos deba recaer exclusivamente en el Parlamento, como de suyo resulta criticable que
pueda dictarse una ley orgánica por el Poder Ejecutivo, sin cumplir
con los extremos de representación política de las minorías, y que
fue publicado en la Gaceta Oficial Extraordinaria número 6.079 del
15 de junio de 2012.

Lo primero a destacar, en cuanto al tema ideológico se refiere, aparte de la ética socialista a que se contrae su artículo 4, y el desarrollo socialista comunal aludido en su artículo 35, es el contenido de su preámbulo, en el que puede leerse:

"Con el supremo compromiso y voluntad de lograr la mayor eficiencia política y calidad revolucionaria en la construcción del Socialismo".

A continuación, seguida, su artículo 1 precisa su objeto de modo de destinar exclusivamente la posibilidad de la transferencia de competencias administrativas a favor, discriminatoriamente, de lo que hemos visto se entiende por entidades socioproductivas o del Poder Popular, todas de interrelación gubernamental, así:

"El presente Decreto con Rango, Valor y Fuerza de Ley Orgánica tiene por objeto desarrollar los principios, normas, procedimientos y mecanismos de transferencia de la gestión y administración de servicios, actividades, bienes y recursos, del Poder Público Nacional y de las entidades político territoriales, al pueblo organizado, el cual la asumirá mediante la gestión de Empresas Comunales de Propiedad Social de servicios y socioproductivas, o de las organizaciones de base del Poder Popular y demás formas de organización de las comunidades, legítimamente reconocidas, que se adecuen a lo establecido en el presente Decreto Ley y su objeto, generando las condiciones necesarias para el ejercicio de la democracia participativa y la prestación y gestión eficaz, eficiente, sustentable y sostenible de los bienes, servicios y recursos destinados a satisfacer las necesidades colectivas".

Desde semejante perspectiva, el artículo 2 fija las finalidades de la normativa, poniéndose de relieve el circuito cerrado de la pretendida participación ciudadana, dejando por fuera toda iniciativa espontánea de ciudadanía libre, al preverse que se persigue:

"1. Desarrollar mecanismos que garanticen la participación de los Consejos Comunales, Comunidades, Organizaciones Socioproductivas bajo régimen de Propiedad Social Comunal, Comunas y demás formas de organización del Poder Popular en la formulación de propuestas de inversión ante las autoridades nacionales, estadales y municipales encargadas de la elaboración de los respectivos planes de inversión, así como la ejecución, evaluación y control de obras, programas y servicios públicos en su ámbito territorial.

2. Establecer los mecanismos de gestión comunitaria y comunal de servicios en materia de salud, educación, vivienda, deporte, cultura, programas sociales, mantenimiento y conservación de áreas urbanas, prevención y protección vecinal, construcción de obras y prestación de servicios públicos. ...

4. Impulsar la creación de empresas comunales y otras organizaciones de base del poder popular o de propiedad social, para la prestación de servicios como fuentes generadoras de trabajo liberador y de condiciones para el vivir bien, que permitan aportar las herramientas necesarias para la formación, insumos y acompañamiento técnico, a fin de promover y garantizar el fortalecimiento del Sistema Económico Comunal, en el marco del modelo productivo socialista y sus diversas formas de organización socioproductiva, en todo el territorio Nacional.

5. Garantizar el respeto y cumplimiento de los principios de interdependencia, coordinación, cooperación y corresponsabilidad entre los Órganos del Poder Público Nacional, Estadal, Municipal y el Poder Popular.

6. Garantizar la participación del pueblo organizado en todas las fases del ciclo productivo comunal, desarrollando los encadenamientos internos y externos de las actividades económicas fundamentales.

7. Fomentar la creación de nuevos sujetos de transferencia comunal, tales como consejos comunales, comunas y otras formas de organización del Poder Popular, a los fines de garantizar el principio de corresponsabilidad en la gestión pública de los gobiernos locales y estadales, junto al Pueblo, desarrollando procesos autogestionarios y cogestionarios en la administración y control de los servicios públicos estadales y municipales".

En definitiva, todos estos textos analizados, con rango de ley, y que pretenden desarrollar el derecho humano a la participación ciudadana, terminan por desconocer y hasta agredir su contenido esencial[146].

---

[146] Dieter Grimm, "Constitucionalismo y Derechos Fundamentales" (p. 101): *"...El derecho ordinario no ofrecía protección alguna frente a las amenazas a la libertad emanadas no del ejecutivo, sino del legislativo: en consecuencia, el orden burgués, en tanto que, institucionalizado exclusivamente en el plano del derecho legal, se halla indefenso frente al titular del poder que establece el derecho ... Por ello los derechos fundamentales no deben depender sólo de la buena voluntad del gobernante, sino*

En efecto, la marcada ideologización no solamente pone de manifiesto la evidente vulneración de los derechos humanos a la igualdad y a la libertad de pensamiento, entre otros, sino que es contraria en todo al principio de neutralidad política de las administraciones públicas[147], derivado del pluralismo político, como valor superior del sistema constitucional vigente, garantía del principio democrático.

Tengamos presente, en el marco de la doctrina ferrajoliana[148] de la democracia constitucional, con preeminencia de la validez sustancial de la norma, sobre su validez formal, y siguiendo al jurista venezolano Emercio José Aponte Núñez[149], que:

> *"...el respeto y garantía de los derechos humanos se constituyen en parámetros de validez de las actuaciones del poder, ya que un acto puede ser dictado en ejercicio de una determinada atribución y siguiendo los procedimientos especificados por el ordenamiento, con lo cual el acto se encuentra ajustado a la legalidad, pero, para que pueda surtir efectos válida y legítimamente, no puede menoscabar un derecho humano".*

Terminemos este capítulo con una denuncia que evidencia el fraude con el cual han obrado las autoridades venezolanas legislativa y ejecutiva, encargadas de la función creadora de normas jurídicas, que no obstante haber sido electas por el titular de la soberanía, con una clara vulneración del principio de confianza legítima y de expectativa plausible, puesto que fueron elegidas dentro de un marco constitucional que las constriñe a promover y asegurar el goce efectivo de los de los derechos humanos, en desviación de poder y con ánimos claramente contrarios al desarrollo de la persona en libertad, dictaron toda esa normativa lesiva.

---

también estar jurídicamente afianzados, lo que sólo ocurre a partir del establecimiento de un derecho de rango superior que vincule también la creación del derecho...".

[147] José Ignacio Hernández, "La Participación de los Usuarios en los Servicios Públicos desde el Derecho Administrativo Venezolano" (p. 886): *"La neutralidad política de las administraciones públicas debe reflejarse también en el régimen de participación de los usuarios en los servicios públicos. Participación que deberá desenvolverse en estricto apego al principio de pluralismo político que el artículo 2 del Texto de 1999 sitúa como valor superior de la Constitución, con toda la fuerza normativa que ello implica".*

[148] Luigi Ferrajoli, "Derechos y Garantías" (p. 52).

[149] Emercio José Aponte Núñez, "De la Posibilidad de una Nueva Constitución, un Nuevo Ordenamiento Jurídico y una Nueva Estructura del Estado Venezolano y los Límites Impuestos por los Derechos Humanos" (p. 30).

Y no solamente eso, sino que cuando estaba reciente la culminación del proceso constituyente, y en efervescencia la idea esperanzadora de la democracia participativa, en 2001, la Comisión Permanente de Participación Ciudadana, Descentralización y Desarrollo Regional presentó a la Asamblea Nacional un proyecto de Ley Orgánica de Participación Ciudadana[150], que fue aprobado en primera discusión, el cual era totalmente acorde con los principios democráticos que han sido analizados en esta investigación, como fácilmente se desprende del contenido de sus artículos 4 y 9:

"La presente Ley de participación ciudadana tendrá por finalidad el logro de los siguientes objetivos:

1. Fomentar el desarrollo pleno de la persona humana como sujeto activo en los ámbitos individual, familiar, social y político.

2. Consolidar una sociedad democrática pluralista, tolerante, participativa, crítica, libre, solidaria y protagónica.

3. Desarrollar las diversas formas de organización social, particularmente las asociativas y cooperativas, las organizaciones no gubernamentales, las populares, y las demás expresiones libres de la sociedad civil.

4. Superar la pobreza y la marginalidad mediante la búsqueda de mecanismos de organización social que sirvan de herramientas para el desarrollo.

5. Mejorar la información de los entes públicos antes de la toma de decisiones que afecten a la sociedad, a fin de permitir mayores niveles de responsabilidad y legitimidad democrática.

6. Lograr el control ciudadano en los asuntos públicos, a fin de garantizar su gestión efectiva, responsable y transparente.

7. Incorporar al pueblo soberano al ejercicio efectivo de la democracia, mediante formas de iniciativa, seguimiento y control de sus gobernantes.

---

150 http://portal.uasb.edu.ec/UserFiles/369/File/PDF/CentrodeReferencia/ Temasdeanalisis2/participacionyciudadania/documentos/proyecto.pdf

8. Promover el pleno ejercicio y la defensa de las libertades democráticas, y los demás derechos humanos consagrados en la Constitución y en los instrumentos internacionales sobre derechos humanos".

"La actividad de los poderes públicos que se desarrolle a partir de los medios de participación tomará en cuenta el respeto al principio de la autonomía de las organizaciones representativas de los sectores políticos, económicos y sociales involucrados en su aplicación e igualmente el principio constitucional de la progresividad de los derechos humanos".

Pero luego, después de una larga inercia del Poder Legislativo, de cinco años, en 2006, con una nueva legislatura, esta vez totalmente subordinada al Poder Ejecutivo, se llevó a cabo la segunda discusión, en donde se agregó la expresión "...y del Poder Popular" al nombre del texto, se eliminó el artículo 9 y con ello la libertad asociativa, y se entorpecieron los fines del artículo 4, para comenzar a hablar de revolución y toda esa diatriba totalitaria por antipluralista e intolerante, que terminó por el dictado de los textos previamente analizados en sus características inconstitucionales, por ser lesivos de los derechos humanos. Ese proyecto de ley jamás fue sancionado ni promulgado, a la espera de que se aprobara en referéndum la reforma constitucional planteada en 2007 por el Presidente de la República, la cual fue rechazada, por lo que se procedió ilícita e ilegítimamente a incorporar lo que el gobierno quería, a través de esos textos inconstitucionales.

CONCLUSIONES GENERALES

El análisis comparado de los documentos o textos centrales, contentivos de los principios filosóficos que orientaron el proceder tanto del movimiento independentista norteamericano, como de la causa revolucionaria francesa, frente a los documentos o textos fundamentales que acompañaron el nacimiento del Estado republicano venezolano, nos permite afirmar sin duda alguna que el ideario iluminista del Siglo XVIII fue la inspiración esencial inicial de estos tres hechos históricos. Venezuela fue sucesora de ese patrimonio cultural principista, basado en aspectos centrales del Estado Legal de Derecho, la igualdad entre las personas, el respeto de los derechos humanos, el principio de legalidad, el principio de la separación de los poderes y, de trascendencia para nuestro tema, el principio democrático y el principio de soberanía popular.

La Constitución Federal de los Estados Unidos de Venezuela, de 1811, resultó ser entonces, visto ello por países, la tercera Constitución a nivel planetario, tras la norteamericana de 1787 y la francesa de 1791, en consagrar en derecho al más alto rango de los ordenamientos jurídico positivos, los postulados cruciales de la Ilustración y el liberalismo político y filosófico, que desde la mente de enciclopedistas y otros pensadores ingleses y franceses (entre otros), en esa ola iluminista indetenible, sacia (saciar) la sed libertaria de gente de acción y decisión ubicada en los curules de las asambleas populares constituyentes de esos tres países. A ello sin duda alude el himno nacional venezolano, cuando de cara a la América entonces bajo la Corona Española, clama a las otras colonias en camino de ser naciones: *"Seguid el ejemplo que Caracas dio"*.

Hay, en consecuencia, un proceso evolutivo importante, que nos lleva primero a escapar de la oscurantista concepción de la supuesta atribución divina de la soberanía a un monarca absoluto, para arribar a la idea de la soberanía popular, entendiendo que la legitimidad de la acción del poder reposa en ser manifestación de la voluntad general, voluntad ésta que es tenida como la expresada por el pueblo por intermedio de sus representantes democráticamente elegidos.

Esto es del todo cierto, pero dista mucho de ser concluyente o definitivo. La historia no se detuvo allí. Así, partiendo siempre del principio adquirido de soberanía popular, heredero del liberalismo político y filosófico, es decir, de la sustitución del anciano y capitis disminuido súbdito, por el moderno y pleno ciudadano, a pesar de las bondades indiscutibles de la irrenunciable representatividad, la historia muestra cómo ese modelo entró en crisis básicamente por la acción del populismo[1] y la demagogia, debiendo concebirse mecanismos de respeto real de la voluntad general, que no son otros que aquellos que facilitan o permiten, a diverso título, la participación ciudadana, o ejercicio de la democracia directa o semidirecta, lo cual, como vimos, a pesar de no ser ello una necesidad para 1787, 1791 y 1811, no estaba ni podía ni tenía por qué estarlo, prohibido en las respectivas constituciones analizadas.

La democracia participativa (por cierto, no excluyente de las instituciones tradicionales y algunas novedosas de la representatividad, como los parlamentos y asambleas municipales, y los directores de las ramas ejecutivas), es la nieta natural de la soberanía popular, madre de la democracia representativa pura.

Luego, fue menester continuar avanzando en el perfeccionamiento de las instituciones, releer y redimensionar nociones básicas desde interpretaciones racionales de las normas jurídicas, con aportaciones teleológicas y valorativas, para ir construyendo, desde los cimientos del neoconstitucionalismo, los fundamentos del Estado Constitucional de Derecho.

Ahora bien, ciertamente, acorde con el principio de reserva legal, los derechos humanos pueden ser objeto de limitaciones y restricciones, si y sólo si ello acontece en virtud de la ley, esa de naturaleza formal, que emana del Parlamento (reserva de parlamento), debidamente votada por la representación popular, vocera de la voluntad general, y habiendo mediado la consideración de los criterios de las minorías políticas y las ponderaciones de los valores a veces coincidentes y a veces encontrados, presentes en la Constitución.

---

[1] Stephen Boucher, *opus cit.* (p. 49): "*...les changements constructif sont freinés par le conservatisme naturel des institutions et les dérives populistes...*"

No obstante, siendo la intervención del legislador necesaria, ella es insuficiente, pues es menester que la normativa, aún de rango legal, respete el principio de proporcionalidad o principio de prohibición de excesos, con vista a la idoneidad, a la necesidad y a la finalidad, indiscutibles, de la medida legislativa restrictiva; y, no menoscabe el contenido esencial o núcleo duro del derecho humano objeto de desarrollo normativo.

En este sentido, del análisis pormenorizado de los textos venezolanos con rango de ley que fueron sometidos a examen en la presente investigación, es decir, la Ley de los Consejos Comunales, la Ley Orgánica de los Consejos Comunales, la Ley Orgánica del Poder Popular, la Ley Orgánica de Planificación Pública y Popular, la Ley Orgánica de las Comunas, la Ley Orgánica del Sistema Económico Comunal, la Ley Orgánica de Contraloría Social y el Decreto con Rango, Valor y Fuerza de Ley Orgánica para la Gestión Comunitaria de Competencias, Servicios y Otras Atribuciones, se aprecia claramente que esas normas, con rango de ley y la mayoría con naturaleza de leyes formales, son abiertamente desproporcionadas, incurriendo en graves excesos de poder, al no ser idóneas ni necesarias al desarrollo del derecho humano a la participación, y ser su finalidad diáfanamente vulnerante de tal derecho humano, a más de encontrarnos con que las instancias de pretendida participación ciudadana por ellas consagradas, por cierto a título de efectiva exclusividad, notablemente los consejos comunales y las comunas, no van de la mano con el contenido esencial del derecho humano a la participación ciudadana, desde una doble perspectiva. *"Lex iniusta non est lex"*.

Ante todo, la estrechísima vinculación, de marcada dependencia con la Administración Pública, no solamente desvanece la indispensable idea de actuación ciudadana libre[2], que exige la condición efectiva de organización no gubernamental (ONG), inserta dentro de la noción democrática de sociedad civil, sino que permite observar la esencia de ente público de estas instancias, plenamente inmersas en el engranaje del Poder Ejecutivo Nacional, como meros ejecutores de las instrucciones de la alta jerarquía gubernamental.

Y por el otro lado, es patente la ausencia de toda creatividad y espontaneidad en el actuar de las personas, que no ciudadanos y

---

2   Rodolfo Vigo, *opus cit.* (p. 77): *"el derecho debe respetar al destinatario por sus objeciones espirituales"*.

ciudadanas entonces, merodeando más bien por los linderos del funcionariado público y de la acrítica sujeción ideológica, cuando no claramente en el ámbito de la condición de súbditos, quienes no pueden decidir su forma asociativa, ni su organización interna, ni su determinación de prioridades, ni su planificación, ni si quiera su orientación política definida ni su neutralidad o pluralismo político y tolerante, pues de no someterse perderían el acceso a beneficios económicos y materiales, con palmaria lesión a la libertad asociativa y al derecho humano a la igualdad, junto al principio de no discriminación y la libertad de conciencia y pensamiento. Todo lo cual, en razón del principio de interdependencia de los derechos humanos, vulnera igualmente el derecho humano a la participación ciudadana, del cual son tributarios.

Resulta evidente que la debida y lícita intervención del Derecho (como producto de la intensa labor espontánea contestataria y realmente participativa del movimiento asociativo y demás organizaciones no gubernamentales ambientalistas, vecinales, culturales, de consumidores, de derechos humanos, etc., a nivel mundial), a través del fomento y la promoción de la participación en las actividades de policía administrativa, de gestión de servicios públicos, de la contraloría social y, entre otras, del reconocimiento del derecho de acción en justicia para la tutela de intereses colectivos y difusos, se fundamenta en la protección de un interés humano: El derecho al mejoramiento de la calidad de vida y de la conquista de la mayor cantidad de felicidad posible. Pero esto, con exclusión total de cualquiera ideologización[3] y manipulación demagógica y populista, únicamente puede ser la obra de representantes estadistas, resultado del funcionamiento normal de la institucionalidad democrática[4].

---

[3]   Román J. Duque Corredor, *opus cit.* (p. 297): "*Venezuela, respecto de la democracia constitucional, en la actualidad presenta una intolerancia ideológica, que no sólo ha implicado la exclusión de diversos sectores en la participación y en la discusión de asuntos fundamentales…*".

[4]   Albert Camus. "Démocratie et modestie". Combat. Paris, 8 de agosto de 1945: "*Demócrata, en definitiva, es aquel que admite que el adversario puede tener razón, que le permite, por consiguiente, expresarse y acepta reflexionar sobre sus argumentos. Cuando los partidos o los hombres están demasiado persuadidos de sus razones como para cerrar la boca de sus oponentes, entonces la democracia no existe más. Cualquiera que sea la ocasión para que se manifieste la modestia esta es saludable para las repúblicas*".

Es por ello que cuando hablamos de calidad de vida, nos interesamos en la pertenencia que sobre el conjunto del quehacer corresponde a la colectividad, quien busca su mejoría, de la forma tradicional meramente representativa, por medio de los órganos del Estado, o de la manera realmente participativa, vale decir, solidaria y corresponsable, participando creativa y espontáneamente, disponiendo de una Administración Pública a su servicio y bajo su control, y de acciones en justicia de los entes asociativos menores, ejerciendo así la ciudadanía real y libre.

Lo más trascendente es que, tratándose la calidad de vida de un bien colectivo, solo la efectiva participación de la sociedad civil, en su gestión y aprovechamiento, garantizará su mejoramiento en provecho de todos. Esta participación ha de manifestarse en la organización y la formación cívica de la ciudadanía, la información[5],

---

5   Edward Ceballos Méndez, "Desarrollo Constitucional del Derecho de Acceso a la Información Pública" (p. 113): "*El derecho a la información con el transcurso del tiempo se ha convertido en un derecho inherente a la persona humana, un derecho ciudadano que forma parte de los derechos civiles, y así se demuestra al observar el contenido de las diferentes constituciones de los regímenes democráticos del mundo, sirviendo en todo caso como una de las bases fundamentales para la convivencia democrática*"; (pp. 115 y 116): "*Es importante observar en relación al ejercicio del derecho a la información, que el mismo lleva asociados una serie de beneficios sociales, a saber: Incremento del conocimiento ciudadano sobre asuntos públicos, promoviendo la participación ciudadana a partir de información oportuna que resulta de vital importancia en la toma de decisiones capaces de dar respuesta a necesidades de interés común*"; (p. 116): "*En todo caso resulta de esencial importancia la relación existente entre acceso a la información y los beneficios que se generan en el ámbito de la participación ciudadana, mecanismo idóneo para la solución de problemas colectivos, pues solo ciudadanos informados pueden formar parte en la solución, de igual forma, solo si se cuenta con información, los ciudadanos pueden tomar parte en la discusión, planeamiento, ejecución y fiscalización de las políticas públicas*".

    Comisión Interamericana de Derechos Humanos, Relatoría Especial para la Libertad de Expresión, "El Derecho de Acceso a la Información en el Marco Jurídico Interamericano" (párrafo 10): "*El principio de máxima divulgación ordena diseñar un régimen jurídico en el cual la transparencia y el derecho de acceso a la información sean la regla general sometida a estrictas y limitadas excepciones. De este principio se derivan las siguientes consecuencias: (1) el derecho de acceso a la información debe estar sometido a un régimen limitado de excepciones, el cual debe ser interpretado de manera restrictiva, de forma tal que se favorezca el derecho de acceso a la información; (2) toda decisión negativa debe ser motivada y, en este sentido, corresponde al Estado la carga de probar que la información solicitada no puede ser revelada; y (3) ante una duda o un vacío legal, debe primar el derecho de acceso a la información*".

la denuncia, la gestión directa de servicios, la investigación científica y tecnológica, la planificación, la toma de impugnación de decisiones administrativas, frente a la Administración Pública y los Tribunales, la acción judicial, la prevención, la contraloría social, y en fin, retroalimentándose en la promoción de la participación ciudadana, sensibilizando a la sociedad y profundizando la democracia.

La sencillez y simpleza de los procedimientos que han de preverse para la creación y funcionamiento de las entidades de participación ciudadana, dejando campo abierto a la creatividad, a la espontaneidad y a la libertad[6], tan importantes y útiles para el mejoramiento de la calidad de vida, en pro de la valorización y resguardo de los intereses colectivos y difusos, facilita a la gente el ejercicio y eficacia de sus derechos. He aquí un requisito ineluctable para lograr una verdadera democratización de la sociedad.

Se nos plantea a nosotros, la sociedad civil, las comunidades, la gente, el pueblo, la ciudadanía, profundizar la democracia[7], o al menos, en el presente estado de cosas, luchar lícitamente por su

---

Comisión Interamericana de Derechos Humanos, "Lineamientos para la Elaboración de Indicadores de Progreso en Materia de Derechos Económicos, Sociales y Culturales", Letra C. Acceso a la Información y Participación, párrafo 80 (http://cidh.org/countryrep/IndicadoresDESC08sp/Indicadores2.sp.htm# Acceso a la información y participación): *"El adecuado acceso a información pública es una herramienta clave para la participación ciudadana en las políticas públicas que implementan derechos consagrados en el Protocolo. De allí que es necesario contar con un caudal de información disponible que brinde elementos para la evaluación y fiscalización de esas políticas y decisiones que los afectan directamente"*.

6   César Landa, *opus cit.* (internet): *"En ese sentido, se puede decir que la defensa de la libertad humana se convierte en el fin supremo de la sociedad y del Estado; actuando como principio delimitador de los derechos fundamentales, así como soporte del modelo constitucional liberal"*.

7   César Landa, *opus cit.* (internet): *"...las demandas para democratizar la sociedad sobre la base de la participación ciudadana, así como para cumplir con los objetivos del Estado social del derecho, delimitando la libertad con las fronteras de la igualdad, son factibles de realizar mediante la articulación práctica de las distintas funciones de los derechos fundamentales"*.

"...se pondera el carácter cívico de los derechos fundamentales como elementos constitutivos y participatorios de la democracia estatal. Desde esta perspectiva social y ciudadana, se puede plantear que hay derechos fundamentales, pero también deberes y obligaciones fundamentales con el Estado democrático-constitucional. En este último sentido, los derechos fundamentales no son bienes jurídicos de libre disposición, sino que presentan límites, en tanto los ciudadanos de una comunidad democrática tienen los límites y el deber de fomentar el interés público".

efectiva implantación, cosa que ya no se limita a la mera intervención en procesos electorales[8], sino que exige la actuación de una
ciudadanía responsable y comprometida, no con ideologías[9], sino
con la obtención de mejor calidad de vida para todos, desde una
base de pluralismo, tolerancia y respeto recíproco, aspectos centrales de la cláusula de la sociedad democrática.

---

[8] Eduardo García de Enterría, *opus cit.* (p. 293): "*Sería un error reducir la democracia a unas determinadas prácticas electorales*".

[9] Guillermo Sucre, "La Libertad, Sancho. De Montaigne a Nuestros Días" (p.
8): "*Pero en vez de un Estado humanitario, atento al desarrollo pleno del hombre, la
Historia contemporánea ha engendrado un Estado agresor y represor que uniforma y
reglamenta las conciencias...*".

Isaiah Berlin, "Árbol que Crece Torcido": "*La sujeción a una sola ideología, no
importa que tan razonable e imaginativa sea, roba a los hombres su libertad y su vita-
lidad*".

BIBLIOGRAFÍA

Libros:

ABRAMOVICH, Víctor y COURTIS, Christian. "Fuentes de Interpretación de los Tratados Internacionales de Derechos Humanos por los Órganos Internos. El Caso de los Derechos Económicos, Sociales y Culturales", en *La Universalidad de los Derechos Sociales: el Reto de la inmigración*, María José Añón (ed.), Universidad de Valencia, Tirant lo Blanch, Valencia, 2004.

Academia Nacional de la Historia. *La Constitución Federal de Venezuela de 1811 y Documentos Afines*, Colección Sesquicentenario de la Independencia, Tomo 6, Ediciones de la AMH, Caracas, MCMLIX.

AGUIAR, Asdrúbal. *El Derecho a la Democracia*, Editorial Jurídica Venezolana, Caracas, 2008.

__________. *Memoria, Verdad y Justicia. Derechos Humanos Transversales de la Democracia*, Primera edición, Editorial Jurídica Venezolana, Caracas, 2012.

ALAEZ Corral, Benito. *Nacionalidad, Ciudadanía y Democracia*, Centro de Estudios Políticos y Constitucionales", Madrid, 2006.

ALEXY, Robert. *Teoría de los Derechos Fundamentales*, Centro de Estudios Constitucionales, Madrid, 1993.

__________. *El Concepto y la Validez del Derecho*, Gedisa, Barcelona, 1997.

__________. *Teoría del Discurso y Derechos Humanos*, Universidad Externado de Colombia, Bogotá, 1995 (tercera reimpresión 2001).

___________________. *Teoría de los Derechos Fundamentales*, Centro de Estudios Constitucionales, Madrid, 2002.

___________________. *Teoría de la Argumentación Jurídica*, Centro de Estudios Políticos y Constitucionales, Madrid, 2008.

ALEXY, Robert y GARCÍA FIGUEROA, Alfonso. *Star Trek y los Derechos Humanos*, Tirant lo Blanch, Valencia, 2007.

ÁLVAREZ, Tulio Alberto. *Instituciones Políticas y Derecho Constitucional*, Tomo I, Editora Anexo 1, Caracas, 1998.

ÁLVAREZ CONDE, Enrique. "Curso de Derecho Constitucional", Volumen I (*El Estado Constitucional. El Sistema de Fuentes. Los Derechos y Libertades*), Tercera Edición, Tecnos, Madrid, 1999.

APONTE NÚÑEZ, Emercio José. *Importancia e Influencia del Régimen Constitucional Venezolano de los Derechos Humanos*, Editorial Jurídica Venezolana, Caracas, 2012.

ARAUJO JUÁREZ, José. *Los Derechos Fundamentales y los Medios de Protección Procesal*, Fundación Estudios de Derecho Administrativo, Editorial Jurídica Venezolana, Caracas, 1997.

ARENDT, Hannah. *Condition de l´Homme Moderne*, Calmann-Lévy, Paris, 1983.

ARRUEGO RODRÍGUEZ, Gonzalo. *Representación Política y Derecho Fundamental: La Participación Representativa en la Constitución Española de 1978*, Editorial Centro de Estudios Constitucionales, Madrid, 2005.

AYALA CORAO, Carlos. *El Referendo Revocatorio. Una Herramienta Ciudadana de la Democracia*, Los Libros de El Nacional, Editorial CEC, Caracas, 2004.

BALDASARRE, Antonio. *Los Desechos Sociales*, Universidad Externado de Colombia, Bogotá, 2001.

BERLIN, Isaiah. *Árbol que Crece Torcido*, Ediciones de Vuelta, México, 1992.

BERNAL PULIDO, Carlos. *El Principio de Proporcionalidad y los Derechos Fundamentales*, Centro de Estudios Políticos y Constitucionales, Madrid, 2003.

BERNFELD, Dan. *A propos de la méthodologie d´évaluation des expériences participatives: quelques criteres de base*, Colloque européen sur la participation, Stuttgart, 1978.

______________________. *Un nouvel enjeu: la participation*, UNESCO, Paris, 1983.

BIDART CAMPOS, Germán. *Tratado Elemental de Derecho Constitucional Argentino*, Tomo I-A, Ediar, Buenos Aires, 2000.

BISCARETTI DI RUFFIA, Paolo. *Derecho Constitucional*, Tecnos, Madrid, 1987.

BLANCO, Ismael y GOMÁ, Ricard, coordinadores. *Gobiernos Locales y Redes Participativas*, Ariel, Barcelona, 2002.

BLANCO VALDÉZ, Roberto. *El Valor de la Constitución*, Alianza Editorial, Madrid, 1998.

BLONDIAUX, Loic. *Le Nouvel Esprit de la Démocratie. Actualité de la Démocratie Participative*, Seuil, Paris, 2008.

BOBBIO, Norberto. *El Futuro de la Democracia*, EFE, Bogotá, 1992.

BORJA, J. *Ciudad y Ciudadanía. Dos Notas*, Institut de Ciencies Poliques i Socials, Barcelona, 2000.

BOUCHER, Stephen. *Petit Manuel de Créativité Politique. Comment libérer l'audace collective*, Editions du Félin, Paris, 2017.

BOZA MARTÍNEZ, Diego. *Los Extranjeros ante el Convenio Europeo de Derechos Humanos*, Fundación Centro de Estudios Constitucionales 1812, Universidad de Cádiz, Cádiz, 2001.

BRAÑES, Raúl. *Aspectos Institucionales y Jurídicos del Medio Ambiente, Incluida la Participación de las Organizaciones No Gubernamentales en la Gestión Ambiental*, Banco Interamericano de Desarrollo, Washington, 1991.

BREWER-CARÍAS, Allan Randolph. *Las Constituciones de Venezuela. Estudio Preliminar*, Ediciones de la Universidad Católica del Táchira, Instituto de Estudios de Administración Local y Centro de Estudios Constitucionales, Madrid, 1985.

______________________. *Reflexiones sobre la Revolución Americana (1776) y la Revolución Francesa (1789) y sus Aportes al Constitucionalismo Moderno*, Cuadernos de la Cátedra Allan Brewer Carías de Derecho Administrativo, N° 1, Universidad Católica Andrés Bello y Editorial Jurídica Venezolana, Caracas, 1992.

______________________. *Las Constituciones de Venezuela*, Ediciones de la Academia de Ciencias Políticas y Sociales, Caracas, 1997.

___________________. *Debate Constituyente (Aportes a la Asamblea Nacional Constituyente)*, Tomo III, Fundación de Derecho Público, Editorial Jurídica Venezolana, Caracas, 1999.

___________________. *Reflexiones sobre el Constitucionalismo en América*, Cuadernos de la Cátedra Fundacional Dr. Charles Brewer Maucó "Historia del Derecho de Venezuela" N° 2, Universidad Católica Andrés Bello, Editorial Jurídica Venezolana, Caracas, 2001.

___________________. *Las Declaraciones de Derechos del Pueblo y del Hombre de 1811*, Colección Estudios N° 93, Academia de Ciencias Políticas y Sociales, Caracas, 2011.

BRICEÑO VIVAS, Gustavo. *Una Carta para la Democracia*, Editorial Jurídica Venezolana, Caracas, 2012.

CAAMAÑO, Francisco. "Autonomía Local y Constitución. Razones para Recuperar la Causalidad Perdida", *Anuario de Gobierno Local*, 2003.

CANOVA GONZÁLEZ, Antonio. "Extinción de los Municipios? Una Propuesta Más en el Afán de Centralizar el Poder", *Erga Omnes*, N° 1, Caracas, 2006.

CAPELLA, Juan Ramón. *Fruta Prohibida. Una Aproximación Histórico-Teorética al Estudio del Derecho y del Estado*, Editorial Trotta, Madrid, 1997.

CÁRDENAS PERDOMO, Orlando. *El Derecho de Acceso a los Archivos y Registros Administrativos y el Régimen de los Secretos de Estado. Situación en España y Venezuela*, Editorial Jurídica Venezolana y Fundación Estudios de Derecho Administrativo (FUNEDA), Caracas, 2006.

CASAL H., Jesús María. *Los Derechos Fundamentales y sus Restricciones*, Legis, Caracas, 2010.

___________________. *Los Derechos Humanos y Su Protección (Estudios sobre Derechos Humanos y Derechos Fundamentales)*, Universidad Católica Andrés Bello, Caracas, 2012.

CASTELLA ANDREU, Josep María. *Los Derechos Constitucionales de Participación Política en la Administración Pública. Un estudio del artículo 105 de la Constitución*, Ed. Cedecs, Barcelona, 2001.

COLOM PASTOR, Bartomeu. *El Derecho de Petición*, Marcial Pons, Madrid, 1997.

Comisión Andina de Juristas. *Protección de los Derechos Humanos. Definiciones Operativas*, Comisión Andina de Juristas, Lima, 1997.

CUESTA LÓPEZ, Víctor. *Participación Directa e Iniciativa Legislativa del Ciudadano en la Democracia Constitucional*, Ed. Thomson Civitas, Madrid, 2008.

DAHL, Robert. *La Democracia*, Taurus, Madrid, 1999.

DE LA BOÈTIE, Etienne, *Le discours de la servitude volontaire*, Petite Bibliotheque Payot, Paris, 2002.

DE OTTO PARDO, Ignacio. *Derecho Constitucional. Sistema de Fuentes*, Ariel, Barcelona, 1987.

DE TOCQUEVILLE, Alexis. *La Democracia en América*, Alianza Editorial, Barcelona, 2005.

DÍAZ REVORIO, F. Javier. *La Constitución como Orden Abierto*, McGraw Hill, Madrid, 1997.

__________________. *El Valor Histórico de la Constitución*, en Textos Constitucionales Históricos, Palestra, Lima, 2004,

DIETERICH, Heinz. *Democracia Participativa y Protagonismo Social*, Colección Textos Políticos N° 1, Alcaldía de Caracas, 2001.

DUQUE CORREDOR, Román. *Temario de Derecho Constitucional y de Derecho Público. Temas Constitucionales*, Legis, Caracas, 2008.

DWORKIN, Ronald. *La Democracia Posible. Principios para un Nuevo Debate Político*, Paidos, Barcelona, 2008.

FELLOUS, Gérard. *Les Droits de l'Homme. Une Universalité Menacée*, La Documentation Francaise, Paris, 2010.

FERNÁNDEZ, Encarnación. *Igualdad y Derechos Humanos*, Editorial Tecnos, Madrid, 2003.

FERNÁNDEZ GARCÍA, Eusebio. *Dignidad Humana y Ciudadanía Cosmopolita*, Instituto de Derechos Humanos "Bartolomé De Las Casas", Universidad Carlos III de Madrid, Dykinson, Madrid, 2001.

FERRAJOLI, Luigi. *Derechos y Garantías. La ley del más débil*, Tercera Edición, Editorial Trotta, Madrid, 1999.

__________________. *Derechos y Garantías*, Quinta Edición, Editorial Trotta, Madrid, 2006.

__________________. "Principio Iuris. Teoría del Derecho y de la Democracia", Tomo 1 *Teoría del Derecho*, Tomo 2 *Teoría de la Democracia*, Tomo 3 *La Sintaxis del Derecho*, Editorial Trotta, Madrid, 2011.

FERRERES COMELLA, V. *Justicia Constitucional y Democracia*, Centro de Estudios Políticos y Constitucionales, Madrid, 1997.

FIGUERUELO BURRIEZA, Ángela. *El Derecho a la Tutela Judicial Efectiva*, Tecnos, Madrid, 1990.

FINNIS, John. *Ley Natural y Derechos Naturales*, Abeledo Perrot, Buenos Aires, 2000.

GAILLE, Marie. *Le Citoyen*, Flammarion, Paris, 1998.

GARCÍA DE ENTERRÍA, Eduardo. *La Constitución como Norma y el Tribunal Constitucional*, Civitas, Madrid, 1981.

GARCÍA DE ENTERRÍA, Eduardo y FERNÁNDEZ RODRÍGUEZ, Tomás-Ramón. *Curso de Derecho Administrativo*, Volumen II, Civitas, Madrid, 1993.

GARRIDO ROVIRA, Juan. *Independencia, República y Estado en Venezuela*, Editorial Torino, Caracas, 2000.

__________________. *La Revolución de 1810*, Universidad Monteávila, Caracas, 2009.

GAUDIN, Jean-Pierre. *La Démocratie Participative*, Armand Colin, Paris, 2011.

GIL FOURTOUL, José. *Historia Constitucional de Venezuela*, 2 volúmenes, Talleres EOSGRAF, S.A., Madrid, 1966.

GONZÁLEZ PÉREZ, Jesús. *El Derecho a la Tutela Jurisdiccional*, Segunda Edición, Civitas, Madrid, 1989.

GRIMKE, Federico. *Naturaleza y Tendencia de las Instituciones Libres*, Tomo Primero, Librería de Rosa y Bouret, Paris, 1870.

GRIMM, Dieter. *Constitucionalismo y Derechos Fundamentales*, Estudio preliminar de Antonio López Piña, Editorial Trotta, Madrid, 2006.

HÄBERLE, Peter. *La Libertad Fundamental en el Estado Constitucional*, Pontificia Universidad Católica del Perú, Maestría en Derecho Constitucional, Fondo Editorial, Lima, 1997.

__________. *Pluralismo y Constitución. Estudios de Teoría Constitucional de la Sociedad Abierta*, Tecnos, Madrid, 2002.

HABERMAS, Jurgen, *Droit et Démocratie. Entre Faits et Normes*, Gallimard, Paris, 1997.

HILL, Dilys M. *Teoría Democrática y Régimen Local*, I.E.A.L., Madrid, 1980.

IGLESIAS MARTÍN, Antonio. *Autonomía Municipal, Descentralización Política e Integración Europea de las Entidades Locales*, Ariel, Barcelona, 2002.

ION, Jacques. *S'engager dans une société d'individus*, Armand Colin, Paris, 2013.

JEANTET, Thierry et De Kerorguen, Yan. *Sociétale Démocratie: Un Nouvel Horizon*, Éditions Lignes de Reperes, Paris, 2012.

JIMÉNEZ ASENSIO, Rafael. "El Constitucionalismo: Separación de Poderes, Control de Constitucionalidad de las Leyes y Derechos Fundamentales en el Proceso de Formación del Concepto de "Constitución", Instituto Vasco de Administraciones Públicas, Oñate, Guipúzcoa, 2001.

LANDA ARROYO, César. *Tribunal Constitucional y Estado Democrático*, 2da. Edición, Palestra, Lima, 2003.

LA ROCHE, Humberto. *Derecho Constitucional General*, Universidad del Zulia, Maracaibo, 2002.

LE PORS, Anicet. *La Citoyenneté*, Que sais-je? PUF, Paris, 1999.

LEWIS, Elisa et Slitine, Romain. *Le Coup d'Etat Citoyen. Les initiatives que réinventent la démocratie*, La Découverte, Paris, 2016.

LOCKE, John. *Traité du gouvernement civil*, Calixte Volland, Paris, 1802.

LÓPEZ DE CORDERO, Mery. *Construyendo Ciudadanos: Educación, Ciudadanía y Convivencia en Venezuela*, Universidad de Los Andes, Mérida, 2014.

LÓPEZ GUERRA, Luís, ESPÍN, Eduardo, GARCÍA MORILLO, Joaquín, PÉREZ TREMPS, Pablo y SATRÚSTEGUI, Miguel. "Derecho Constitucional", Volúmen I *El Ordenamiento Constitucional. Derechos y Deberes de los Ciudadanos*, 7ma. Edición, Tirant lo Blanch, Valencia, 2007.

LORETO GONZÁLEZ, Irene. *"Génesis del Constitucionalismo en Venezuela"*, Ediciones del Centro de Investigaciones Jurídicas, Caracas, 2005.

__________________. *Algunos aspectos de la Historia Constitucional Venezolana*, Academia de Ciencias Políticas y Sociales, Caracas, 2010.

MACHIAVELO, Nicolás. *El Príncipe. Comentado por Napoleón Bonaparte*, Espasa Calpe, Madrid, 2006.

MARCANO SALAZAR, Luís Manuel. *El Estado y el Derecho Constitucional General y Comparado*, Tercera Edición, Editora Moilibros, Caracas, 2007.

MARITAIN, Jacques. *El Hombre y el Estado*, Guillermo Kraft, Buenos Aires, 1952.

MÁRQUEZ, Carmen María. *Calidad Democrática y la Neoconstitucionalización del Liderazgo Político. Un Acercamiento al Caso de Venezuela y Bolivia*, Fundación Estudios de Derecho Administrativo (FUNEDA), Caracas, 2012.

MARTÍN-RETORTILLO BAQUER, L. *La Europa de los Derechos Humanos*, Centro de Estudios Políticos y Constitucionales, Madrid, 1998.

MATURANA, Humberto. *Transformación en la Convivencia*, Dolmen Ediciones, Caracas, 2002.

MIJARES, Augusto. *Ideología de la Revolución Emancipadora*, Instituto de Filosofía, Facultad de Humanidades y Educación, Universidad Central de Venezuela, Caracas, 1961.

MORANTES, Jim. *Las ONG y su Efectividad. El caso de Los Nevados (2001-2007)*, Ediciones del Rectorado, Universidad de Los Andes, Mérida, 2007.

NAVARRO, Clemente. *El Nuevo Localismo. Municipio y Democracia en la Sociedad Global*, Diputación Provincial de Córdoba, 1988.

NIKKEN, Pedro. *La Protección Internacional de los Derechos Humanos*, Civitas, Madrid, 1987.

__________________. *Código de Derechos Humanos*, Editorial Jurídica Venezolana, Caracas, 1991.

__________________. *El Concepto de Derechos Humanos*, Estudios Básicos de Derechos Humanos, Tomo I, IIDH, San José, 1994.

NIÑO, Carlos. *Ética y Derechos Humanos*, Paidós, Buenos Aires, 1984.

OLIVA SANTOS, A. y DIEZ-PICAZO GIMÉNEZ, I. *Tribunal Constitucional, Jurisdicción Ordinaria y Derechos Fundamentales*, McGraw-Hill, Madrid, 1996.

ORDOÑEZ SOLÍZ, David. *La Protección Judicial de los Derechos Fundamentales de Solidaridad. Derechos Sociales, Medio Ambiente y Consumidores*, Editorial Comores, Granada, 2006.

PATEMAN, Carole. *Participation and Democratic Theory*, Cambridge University Press, Cambridge, 1970.

PECES BARBA MARTÍNEZ, G. *Curso de Derechos Fundamentales. Teoría General*, Universidad Carlos III, Madrid, 1995.

PEÑA SOLÍS, José. "La Interpretación Conforme a la Constitución", *Curso de Capacitación sobre Razonamiento Judicial y Argumentación Jurídica*, Serie Eventos N° 3, Tribunal Supremo de Justicia, Caracas, 2001.

_______________________. *Los Tipos Normativos en la Constitución de 1999*, Tribunal Supremo de Justicia, Caracas, 2005.

_______________________. *Lecciones de Derecho Constitucional General*, Volumen I, Tomos I y II, Universidad Central de Venezuela, Caracas, 2008.

_______________________. *Las Fuentes del Derecho en el marco de la Constitución de 1999*, FUNEDA, Caracas, 2009.

PÉREZ ROYO, J. *Curso de Derecho Constitucional*, Marcial Pons, Madrid, 2000.

PICÓN SALAS, Mariano. *Regreso de Tres Mundos (Un Hombre en su Generación)*, Fondo de Cultura Económica, México, 1959.

POLANCO ALCÁNTARA, Tomás. *Las Formas Jurídicas en la Independencia*, Instituto de Estudios Políticos, Facultad de Derecho, Universidad Central de Venezuela, Caracas, 1962.

POLO SÁNCHEZ, M. *Derechos Fundamentales y Libertades Públicas de los Trabajadores Extranjeros en España*, Colección Estudios, 1994.

PREPO CUSATI, Miguel, compilador. "Venezuela y sus Orígenes Republicanos: 19 de abril de 1810 – 5 de julio de 1811", Jornadas Reflexiones de la Venezuela Histórica, Universidad Monteávila, Fundación Bancaribe para la Ciencia y la Cultura, Caracas, 2013.

PRIETO SANCHÍS, Luís. *Estudios sobre Derechos Fundamentales*, Debate, Madrid, 1990.

__________________. *Justicia Constitucional y Derechos Fundamentales*, Editorial Trotta, Madrid, 2009.

Programa de las Naciones Unidas para el Desarrollo y Organización de Estados Americanos, "Nuestra Democracia", Fondo de Cultura Económica, México, 2010.

QUESADA, Fernando. *Naturaleza y Sentido de la Ciudadanía Hoy*, Ed. Uned, Madrid, 2002.

REYNA, Feliciano y D'ELIA, Yolanda. *Situación de los Derechos Humanos y la Democracia en Venezuela ante las Recientes Medidas Legislativas*, CIVILIS, Caracas, 2011.

RONDÓN DE SANSÓ, Hildegard. *Ab imis fundamentis (II). Garantías y Deberes en la Constitución Venezolana de 1999*, Gráficas Lauki, Caracas, 2011.

ROSCIO, Juan Germán. *El Triunfo de la Libertad sobre el Despotismo*, Biblioteca Ayacucho, Caracas, 1996.

RUBIO CORREA, Marcial, EGUIGUREN PRAELI, Francisco y BERNALES BALLESTEROS, Enrique. *Los Derechos Fundamentales en la Jurisprudencia del Tribunal Constitucional*, Fondo Editorial Pontificia Universidad Católica del Perú, Lima, 2010.

SACHICA, Luis Carlos. *Derecho Constitucional de la Libertad*, Ediciones Librerías del Profesional, Bogotá, 1988.

SAIZ ARNAIZ, A. "La Apertura Constitucional al Derecho Internacional y Europeo de los Derechos Humanos. El artículo 10.2 de la Constitución Española", Consejo General del Poder Judicial, Madrid, 1999.

SÁNCHEZ MORÓN, Miguel. *La Participación del Ciudadano en la Administración Pública*, Centro de Estudios Constitucionales, Madrid, 1980.

SÁNCHEZ SÁNCHEZ, Z. "Asociacionismo y Participación Ciudadana", en Talleres de Participación y Ciudadanía, Ayuntamiento de Jerez, septiembre 2006.

SARTORI, Giovanni. *Teoría de la Democracia*, Alianza Editorial, Madrid, 1988.

__________________. *¿Qué es la Democracia?*, Patria, México, 1997.

Sociedad Peruana de Derecho Ambiental (SPDA). "Participación Ciudadana y Consulta Previa en Proyectos Hidroeléctricos", Negrapata, Lima, 2014.

SORIANO, Ramón. *Los Derechos de las Minorías*, Colección Universitaria, Textos Jurídicos, Editorial MAD, Madrid, 1999.

SPAEMANN, Robert. "Sobre el Concepto de una Naturaleza del Hombre", en *Lo Natural y lo Racional*, Rialp, Madrid, 1989.

SPINOZA, Baruch. *Tratado Teológico-Político*, Editorial Alianza, Madrid, 1986.

SUCRE, Guillermo. *La Libertad, Sancho. De Montaigne a Nuestros Días*, Ediciones Fundación Valle de San Francisco, Caracas, 2013.

The Nature Conservancy. "Participación Social en el Manejo de las Áreas Protegidas", Taller Regional, Caracas, 2005.

VAQUER CABALLERÍA, Marcos. "La Carta Europea de Salvaguarda de los Derechos Humanos en la Ciudad", *Cuadernos de Derecho Local*, N° 2, junio, 2003.

VALLENILLA LANZ, Laureano. *Cesarismo Democrático y otros textos*, Biblioteca Ayacucho, N° 164, Caracas, 1991.

VELARDE, Caridad. *Universalismo de los Derechos Humanos*, Thomson, Civitas, Madrid, 2003.

VICIANO PASTOR, Roberto y MARTÍNEZ DALMAS, R. *Cambio Político y Proceso Constituyente en Venezuela. ¿Un cambio histórico?*, Tirant lo Blanch, Valencia, 2001.

VIDAL PERDOMO, Jaime. *Derecho Constitucional General*, Cuarta Edición, Universidad Externado de Colombia, Bogotá, 1991.

VILLEGAS MORENO, José Luís. *Derecho Administrativo Municipal*, Sin Límite, San Cristóbal, 2007.

_______________. *Doscientos Años de Municipalismo*, Universidad Católica del Táchira y Fundación Estudios de Derecho Administrativo, San Cristóbal, 2010.

ZAMBRANO, Freddy. *Constitución de la República Bolivariana de Venezuela 1999. Comentada. Amplio Desarrollo de los Derechos Humanos*, Primera Edición, Tomos I y II, Editorial Atenea, Caracas, 2004.

Artículos, Conferencias y Clases:

ABREU BLONDET, Rhadis. "Medio ambiente, derechos colectivos, consulta previa y ejercicio de derechos humanos por personas jurídicas", en *Anuario de Derecho Constitucional Latinoamericano*, Fundación Konrad Adenauer, Bogotá, 2012.

ALEGRE MARTÍNEZ, Miguel Ángel. "La Primacía del Derecho Comunitario sobre el Ordenamiento Jurídico Estatal: Aspectos Constitucionales", en *Revista de Derecho Político*, N° 38, Madrid, 1993.

_________________. "Cultura de Derechos, Deberes y Participación", en *Revista de Derecho*, N° 5, Tribunal Supremo de Justicia, Caracas, 2002.

ÁLVAREZ-OSSORIO MICHEO, Fernando. "Los Derechos Fundamentales de los Extranjeros en España", en *La Ley de Extranjería a la Luz de las Obligaciones de España en Derechos Humanos*, Juan Antonio Carrillo Salcedo (coordinador), Universidad Internacional de Andalucía, Akal Ediciones, Madrid 2002.

ANDUEZA, José Guillermo. "Doscientos Años del Congreso Constituyente de 1811", en *Libro Homenaje a José Guillermo Andueza, "Desafíos de la República en la Venezuela de Hoy"*, Tomo I, Konrad Adenauer Stiftung y Universidad Católica Andrés Bello, Caracas, 2013.

APONTE NÚÑEZ, Emercio José. "De la Posibilidad de una Nueva Constitución, un Nuevo Ordenamiento Jurídico y una Nueva Estructura del Estado Venezolano y los Límites Impuestos por los Derechos Humanos", en *Libro Homenaje a José Guillermo Andueza, "Desafíos de la República en la Venezuela de Hoy"*, Tomo II, Konrad Adenauer Stiftung y Universidad Católica Andrés Bello, Caracas, 2013.

ARAGORT, Yubiri. "La Descentralización Política y los Consejos Comunales: Parroquia J. J. Osuna Rodríguez-Municipio Libertador del Estado Mérida", *Provincia, Revista Venezolana de Estudios Territoriales*, N° 20, CIEPROL, Universidad de Los Andes, Mérida, 2008.

ARGULLOL MURGADAS, Enrique. "El Status Constitucional del Ciudadano y la Relación Jurídico-Administrativa", en *Estudios Homenaje al Profesor Allan R. Brewer Carías, "El Derecho Público a Comienzos del Siglo XXI"*, Tomo II, Civitas Ediciones, Madrid, 2003.

ARISMENDI, Alfredo. "Las Constituciones Venezolanas desde 1947", en *El Derecho Público a los 100 Números de la Revista de Derecho Público 1980-2005*, Editorial Jurídica Venezolana, Caracas, 2006.

AYALA CORAO, Carlos. "La Participación Ciudadana en la Planificación Territorial", en *Revista Tachirense de Derecho*, N° 4/1993, Universidad Católica del Táchira, San Cristóbal, 1994.

BELDA PÉREZ-PEDRERO, Enrique. "La justicia constitucional y la defensa de los derechos humanos", sesión impartida el 16 de enero de 2007, con ocasión del Curso de "Justicia constitucional y Derechos Humanos", VII Edición de los Cursos de Postgrado en Derecho para Juristas Iberoamericanos, Universidad de Castilla-La Mancha, Toledo, 8 al 25 de enero de 2007 (grabación).

BELDA PÉREZ-PEDREO, Enrique. "Introducción al Sistema Constitucional Español (II): Valores y Principios Constitucionales. La Declaración de Principios en la Constitución Española y su Interpretación", sesión impartida el 15 de enero de 2008, con ocasión del Curso de "Derechos Humanos y Garantías Constitucionales", VIII Edición de los Cursos de Postgrado en Derecho para Juristas Iberoamericanos, Universidad de Castilla-La Mancha, Toledo, 7 al 24 de enero de 2008 (grabación).

BIDART CAMPOS, German. "La Inserción de la Persona Humana en el Estado Democrático", *Revista Tachirense de Derecho*, N° 9, Universidad Católica del Táchira, San Cristóbal, 1997.

BLANCO-URIBE QUINTERO, Alberto. "El Derecho a la Información y el Acceso a los Documentos Administrativos", en *Revista de Derecho Público*, N° 48, Editorial Jurídica Venezolana, Caracas, octubre-diciembre 1991.

_______________. "Definición de Estado de Justicia", *Ámbito Jurídico* N° 50, *Legis*, Caracas, noviembre 2001.

_______________. "El Ciudadano frente a la Defensa Jurídica del Ambiente en Venezuela", en *Estudios Homenaje al Profesor Allan R. Brewer Carías, "El Derecho Público a Comienzos del Siglo XXI"*, Tomo III, Civitas Ediciones, Madrid, 2003.

___________________. "Menoscabo al Derecho Humano a la Participación, por la Reforma Constitucional", en *Revista de Derecho Público*, N° 112, Editorial Jurídica Venezolana, Caracas, octubre-diciembre 2007.

___________________. "Igualdad de Derechos entre Nacionales y Extranjeros", ponencia para la I Jornada Latinoamericana de Derecho Constitucional: Garantías Constitucionales y Reforma Constitucional, Facultad de Ciencias Jurídicas y Sociales, Universidad de Castilla-La Mancha, Toledo, España, enero 2007.

BLANCO-URIBE QUINTERO, Alberto. "La Idea Democrática de Participación para la Protección del Ambiente. Corresponsabilidad en la Protección Ambiental", en *Desafíos del Derecho Administrativo Contemporáneo*, Tomo I, Ediciones Paredes, Caracas, 2009.

BOLÍVAR, Simón. "Mensaje al Congreso Constituyente de Bolivia, fechado en Lima el 25 de mayo de 1826". En *Los Proyectos Constitucionales del Libertador*. Ediciones Conmemorativas del Bicentenario del Natalicio del Libertador Simón Bolívar, Caracas, 1983.

BOROWSKI, Martin. "La Restricción de los Derechos Fundamentales", *Revista Española de Derecho Constitucional*, Año 20, N° 59, mayo-agosto 2000.

BREWER-CARÍAS, Allan Randolph, "La Formación del Abogado y los Problemas del Ejercicio de la Abogacía", *Boletín de la Academia de Ciencias Políticas y Sociales*, N° 91, Caracas, 1983.

___________________. "El Paralelismo entre el Constitucionalismo Venezolano y el Constitucionalismo de Cádiz (o de cómo el de Cádiz no influyó en el venezolano)", en *La Constitución de Cádiz de 1812. Hacia los orígenes del constitucionalismo iberoamericano y latino*, Publicaciones de la Universidad Católica Andrés Bello, Caracas, 2004.

___________________. "El Autoritarismo Establecido en Fraude a la Constitución y a la Democracia, y su Formalización en Venezuela mediante la Reforma Constitucional", en *Temas Constitucionales, Planteamientos ante una Reforma*, Fundación Estudios de Derecho Administrativo (FUNEDA), Caracas, 2007.

__________________. "El Derecho a la Democracia entre las Nuevas Tendencias del Derecho Administrativo como punto de equilibrio entre los Poderes de la Administración y los Derechos del Administrado", en *Desafíos del Derecho Administrativo Contemporáneo*, Tomo II, Ediciones Paredes, Caracas, 2009.

__________________. "Introducción General al Régimen de los Consejos Comunales", en *Ley Orgánica de loa Consejos Comunales*, Colección Textos Legislativos N° 46, Editorial Jurídica Venezolana, Caracas, 2010.

__________________. "El Derecho Ciudadano a la Participación Popular y la Inconstitucionalidad Generalizada de los Decretos Leyes 2010-2012, por su Carácter Inconsulto", en *Revista de Derecho Público*, N° 130, Editorial Jurídica Venezolana, Caracas, abril-junio 2012.

__________________. "¿Reforma Administrativa en Venezuela? O la transformación no siempre planificada de la Administración Pública, para la implementación de un Estado Socialista al margen de la Constitución, mediante la multiplicación, dispersión y centralización de sus órganos y entes", *Revista de Derecho Público*, N° 132, Editorial Jurídica Venezolana, Caracas, octubre-diciembre 2012.

CARBONELL SÁNCHEZ, Miguel. "Benjamin Constant: Libertad y Participación Política", *Revista Metapolítica: La Mirada Limpia de la Política*, Volumen 12, N° 59 (Ejemplar dedicado a: Izquierdas extremas en América Latina), México, 2008.

CARRILLO ARTILES, Carlos Luís. "La Ampliación Cuantitativa del Principio de Legalidad en la Constitución de 1999", en *Estudios Homenaje al Profesor Allan R. Brewer Carías, "El Derecho Público a Comienzos del Siglo XXI"*, Tomo II, Civitas Ediciones, Madrid, 2003.

CARTAY, Belkis. "La Ciudad Democrática como Ámbito, Sistema y Poder de Integración Social y Cultural: Nuevos Desafíos para los Gobiernos Locales", *Provincia, Revista Venezolana de Estudios Territoriales*, N° 18, CIEPROL, Universidad de Los Andes, Mérida, 2007.

CASAL H., Jesús María. "Condiciones para la Limitación o Restricción de Derechos Fundamentales", *El Derecho Público a Comienzos del Siglo XXI (Estudios en Homenaje al Profesor Allan R. Brewer Carías)*, Tomo III, Civitas, Madrid, 2003.

__________________. "La Cláusula de la Sociedad Democrática y la Restricción de Derechos Humanos en el Sistema Interamericano", en *Libro Homenaje a Josefina Calcaño de Temeltas, "Temas de Derecho Constitucional y Administrativo"*, Fundación Estudios de Derecho Administrativo (FUNEDA), Caracas, 2010.

CASAÑO SALIDO, Carmelo. "25 Calas para Introducirse en la Constitución Española", en *"Participación y Democracia", Libro Homenaje a D. Antonio Rodero Franganillo*, Carlos Mora Lozano, Coordinador, Universidad de Córdoba y Diputación de Córdoba, Córdoba, 2006.

CASTILLO VEGAS, Jesús Luís. "La Sociedad Civil, el Estado Social y las Organizaciones No Gubernamentales", en *Revista Tachirense de Derecho*, N° 12, Universidad Católica del Táchira, San Cristóbal, enero-diciembre 2000.

CEBALLOS MÉNDEZ, Edward. "Participación Ciudadana en el Marco de la Constitución de la República Bolivariana de Venezuela y los Consejos Comunales", en *Provincia, Revista Venezolana de Estudios Territoriales*, N° 21, Universidad de Los Andes, Mérida, enero-junio 2009.

Ceballos Méndez, Edward. "Desarrollo Constitucional del Derecho de Acceso a la Información Pública", *Provincia, Revista Venezolana de Estudios Territoriales*, N° 24, Universidad de Los Andes, Mérida, julio-diciembre 2010.

CHACÍN, Ronald. "Las Teorías de la Justicia y los Derechos Humanos: Referencias a Venezuela (Constitución de 1811 y Constitución Vigente de 1999)", en *Libro Homenaje a José Guillermo Andueza, "Desafíos de la República en la Venezuela de Hoy"*, Tomo I, Konrad Adenauer Stiftung y Universidad Católica Andrés Bello, Caracas, 2013.

CHACÓN HANSON, Alma. "Las Condiciones de Validez de las Limitaciones o Restricciones Legislativas y la Racionalidad de la Ley", *Tendencias Actuales del Derecho Constitucional, Homenaje a Jesús María Casal Montbrun"*, Tomo II, UCV y UCAB, Caracas, 2007.

CHAVERO GAZDIK, Rafael. "La Participación Ciudadana en la Elaboración de Actos Generales", en *Revista de Derecho Público*, N° 59-60, Editorial Jurídica Venezolana, Caracas, julio-diciembre 1994.

DE LOS RÍOS LÓPEZ, Francisco Javier. "La Participación Ciudadana. Respuesta Democrática a la Sociedad Global. Algunas Consideraciones, Reflexiones y Técnicas sobre Jornadas Participativas", en *"Participación y Democracia", Libro Homenaje a D. Antonio Rodero Franganillo*, Carlos Mora Lozano, Coordinador, Universidad de Córdoba y Diputación de Córdoba, Córdoba, 2006.

DE LUCAS, Javier. "Reconocimiento, Inclusión, Ciudadanía. Los Derechos Sociales de los Inmigrantes", en *La Universalidad de los Derechos Sociales: el Reto de la inmigración*, María José Añón (ed.), Universidad de Valencia, Tirant lo Blanch, Valencia, 2004.

DE PEDRO ROBLES, Pelayo. "Los Valores Superiores en el Marco de la Constitución de 1999", en *Libro Homenaje a Nectario Andrade Labarca, "Ensayos de Derecho Administrativo"*, Volumen I, Tribunal Supremo de Justicia, Caracas, 2004.

DÍAZ REVORIO, F. Javier. "La Justicia Constitucional como Garantía Jurisdiccional de la Constitución: su Significado Actual", sesión impartida el 10 de enero de 2006, con ocasión del Curso de "Justicia Constitucional: Teoría y Práctica Actual", VI Edición de los Cursos de Postgrado en Derecho para Juristas Iberoamericanos, Universidad de Castilla-La Mancha, Toledo, 9 al 26 de enero de 2006 (grabación).

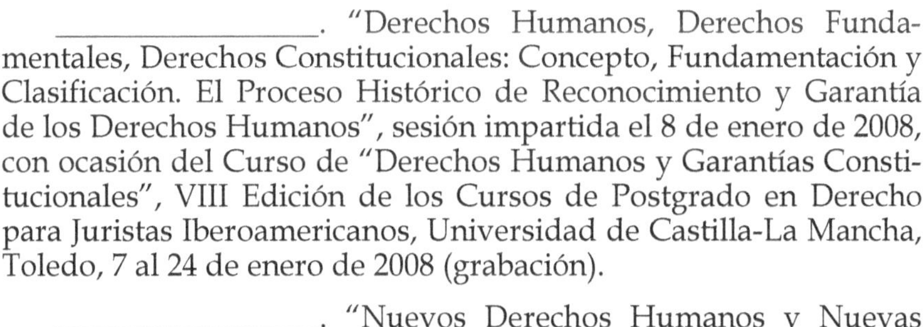

__________________. "Derechos Humanos, Derechos Fundamentales, Derechos Constitucionales: Concepto, Fundamentación y Clasificación. El Proceso Histórico de Reconocimiento y Garantía de los Derechos Humanos", sesión impartida el 8 de enero de 2008, con ocasión del Curso de "Derechos Humanos y Garantías Constitucionales", VIII Edición de los Cursos de Postgrado en Derecho para Juristas Iberoamericanos, Universidad de Castilla-La Mancha, Toledo, 7 al 24 de enero de 2008 (grabación).

__________________. "Nuevos Derechos Humanos y Nuevas Dimensiones de los Derechos: Fundamentación, Sujetos, Delimitación y Garantías", sesión impartida el 9 de enero de 2008, con ocasión del Curso de "Derechos Humanos y Garantías Constitucionales", VIII Edición de los Cursos de Postgrado en Derecho para Juristas Iberoamericanos, Universidad de Castilla-La Mancha, Toledo, 7 al 24 de enero de 2008 (grabación).

__________________. "Los Derechos de los Extranjeros en España", sesión extraordinaria impartida el 16 de enero de 2008, con ocasión del Curso de "Derechos Humanos y Garantías Constitucionales", VIII Edición de los Cursos de Postgrado en Derecho para Juristas Iberoamericanos, Universidad de Castilla-La Mancha, Toledo, 7 al 24 de enero de 2008 (grabación).

Diez Picazo, Luís María. "La Eficacia de los Derechos Humanos. La Interpretación de los Derechos Humanos", sesión impartida el 10 de enero de 2008, con ocasión del Curso de "Derechos Humanos y Garantías Constitucionales", VIII Edición de los Cursos de Postgrado en Derecho para Juristas Iberoamericanos, Universidad de Castilla-La Mancha, Toledo, 7 al 24 de enero de 2008 (grabación).

Eguiguren Praeli, Francisco José. "La Universalización de los Derechos Humanos: La Declaración Universal de Derechos Humanos y los Pactos Internacionales de Derechos. Las Declaraciones de Ámbito Regional", sesión impartida el 9 de enero de 2008, con ocasión del Curso de "Derechos Humanos y Garantías Constitucionales", VIII Edición de los Cursos de Postgrado en Derecho para Juristas Iberoamericanos, Universidad de Castilla-La Mancha, Toledo, 7 al 24 de enero de 2008 (grabación).

Espín Templado, Eduardo. "Justicia constitucional e interpretación de la Constitución", sesión impartida el 12 de enero de 2006, con ocasión del Curso de "Justicia constitucional: Teoría y práctica actual", VI Edición de los Cursos de Postgrado en Derecho para Juristas Iberoamericanos, Universidad de Castilla-La Mancha, Toledo, 9 al 26 de enero de 2006 (grabación).

______________. "Tribunal Constitucional, Tribunal de Justicia de la Unión Europea y Tribunal Europeo de Derechos Humanos", sesión impartida el 19 de enero de 2006, con ocasión del Curso de "Justicia constitucional: Teoría y práctica actual", VI Edición de los Cursos de Postgrado en Derecho para Juristas Iberoamericanos, Universidad de Castilla-La Mancha, Toledo, 9 al 26 de enero de 2006 (grabación).

______________. "La Constitución como Norma Suprema y su Garantía Jurisdiccional", sesión impartida el 9 de enero de 2007, con ocasión del Curso de "Justicia constitucional y Derechos Humanos", VII Edición de los Cursos de Postgrado en Derecho para Juristas Iberoamericanos, Universidad de Castilla-La Mancha, Toledo, 8 al 25 de enero de 2007 (grabación).

__________________. "Tutela Judicial Efectiva y Derecho a un Proceso con Todas las Garantías", sesión impartida el 23 de enero de 2008, con ocasión del Curso de "Derechos Humanos y Garantías Constitucionales", VIII Edición de los Cursos de Postgrado en Derecho para Juristas Iberoamericanos, Universidad de Castilla-La Mancha, Toledo, 7 al 24 de enero de 2008 (grabación).

FEO LA CRUZ, Manuel. "La Participación de la Sociedad Civil en el Proceso de Gestión Pública. Retos y Desafíos", en *Estudios Homenaje al Profesor Allan R. Brewer Carías, "El Derecho Público a Comienzos del Siglo XXI"*, Tomo I, Civitas Ediciones, Madrid, 2003.

FERNÁNDEZ, Julio César. "Hacia una Democracia Participativa", en *Cuatro Capítulos de la Reforma Constitucional"*, Instituto de Estudios Jurídicos del Estado Lara, Barquisimeto, 1995.

FERNÁNDEZ-LLEBREZ GONZÁLEZ, Fernando. "Democracia Participativa, Movimientos Sociales y Alternativas de participación al Final del Milenio", en *"Participación y Democracia"*, *Libro Homenaje a D. Antonio Rodero Franganillo*, Carlos Mora Lozano, Coordinador, Universidad de Córdoba y Diputación de Córdoba, Córdoba, 2006.

FLORES GIMÉNEZ, Fernando. "La Participación Ciudadana en la Constitución de 1999", *Revista de Derecho Constitucional*, N° 5, Editorial Sherwood, Caracas, diciembre 2001.

FUNES RIVAS, María Jesús. "Perspectivas Teóricas y Aproximaciones Metodológicas al Estudio de la Participación", en *Movimientos Sociales y Cambio Social y Participación*, Ed. UNED, Madrid, 2003.

GARCÍA-CALABRÉS COBO, Francisco. "Participación: Un Derecho con Garantías", en *"Participación y Democracia"*, *Libro Homenaje a D. Antonio Rodero Franganillo*, Carlos Mora Lozano, Coordinador, Universidad de Córdoba y Diputación de Córdoba, Córdoba, 2006.

GARCÍA DE ENTERRÍA, Eduardo. "Principios y Modalidades de la Participación Ciudadana", en *Libro Homenaje a Villar Palasí*, Gómez-Ferrer Morant, R., Coordinador, Civitas, Madrid, 1989.

__________________. "La Democracia y el Lugar de la Ley", en *Anales de la Academia Nacional de Derecho y Ciencias Sociales de Córdoba*, Tomo XL, Año Académico 2001, Córdoba, Argentina, 2001.

GARCÍA SOTO, Carlos. "Principios del Poder Popular, del Estado Comunal y del Modelo Productivo Socialista (a propósito de las "leyes del poder popular")", en *Revista de Derecho Público*, N° 130, Editorial Jurídica Venezolana, Caracas, abril-junio 2012.

GARCÍA PELAYO, Manuel. "Estado Legal y Estado Constitucional de Derecho", en *Lecturas sobre Temas Constitucionales*, Comisión Andina de Juristas, Lima, 1988.

GARDINI, Gianluca. "Gli Strumenti di Participazione all´Azione Pubblica", en *Desafíos del Derecho Administrativo Contemporáneo*, Tomo II, Ediciones Paredes, Caracas, 2009.

GARRIDO FALLA, Fernando. "Artículo 105 de la Constitución Española", en *Comentarios a la Constitución*, Civitas, Madrid, 2001.

GONZÁLEZ CRUZ, Fortunato. "Comentarios a la Ley Orgánica del Poder Público Municipal", en *Ley Orgánica del Poder Público Municipal*, Colección Textos Legislativos N° 34, segunda edición, Editorial Jurídica Venezolana, Caracas, 2005.

GONZÁLEZ VALENZUELA, Alejandro. "Las Transgresiones del Estado Venezolano al Orden Público de los Derechos Humanos", en *Libro Homenaje a José Guillermo Andueza, "Desafíos de la República en la Venezuela de Hoy"*, Tomo I, Konrad Adenauer Stiftung y Universidad Católica Andrés Bello, Caracas, 2013.

GRAU, María Amparo. "Participación Ciudadana en la Actividad Normativa de la Administración", en *Libro Homenaje a Gonzalo Pérez Luciani, "Temas de Derecho Administrativo"*, Volumen I, Tribunal Supremo de Justicia, Caracas, 2002.

GRAU FORTOUL, Gustavo. "La Participación de Organizaciones Representativas de Clientes o Usuarios en la Producción Normativa de Ciertos Entes Gremiales (Especial Referencia a la Situación del Consejo Bancario Nacional)", en *El Derecho Público a los 100 Números de la Revista de Derecho Público 1980-2005*, Editorial Jurídica Venezolana, Caracas, 2006.

GUERRA, Luís Beltrán. "Algunas Consideraciones con Respecto a la Igualdad y a la Libertad como Valores Protegidos en el Régimen de los Derechos Fundamentales", en *Libro Homenaje a Gonzalo Pérez Luciani, "Temas de Derecho Administrativo"*, Volumen I, Tribunal Supremo de Justicia, Caracas, 2002.

HÄBERLE, Peter, "Pluralismo y Constitución", en *Estudios de Teoría Constitucional de la Sociedad Abierta*, Tecnos, Madrid, 2002.

HAYAT, Samuel. "Démocratie participative et impératif délibératif: enjeux d'une confrontation", *La démocratie participative*. Histoire et généalogie, sous la direction de Marie-Hélene Bacque et Yves Sintomer, Éditions La Decouverte, Paris, 2011.

HENRÍQUEZ MAIONICA, Giancarlo. "Los Consejos Comunales (una breve aproximación a su realidad y a su proyección ante la propuesta presidencial de reforma constitucional", en *Revista de Derecho Público*, N° 112, Editorial Jurídica Venezolana, Caracas, octubre-diciembre 2007.

HERNÁNDEZ, José Ignacio. "La Participación de los Usuarios en los Servicios Públicos desde el Derecho Administrativo Venezolano", en *Desafíos del Derecho Administrativo Contemporáneo*, Tomo II, Ediciones Paredes, Caracas, 2009.

_____________________. "El Estado Comunal", en *Anuario de Derecho Público*, Tomo IV (2011), Universidad Monteávila, Caracas, 2013.

_____________________. "La Constitución de 1811 y la República Liberal Autocrática. Apuntes sobre las bases constitucionales del liberalismo criollo", en *Libro Homenaje a José Guillermo Andueza*, *"Desafíos de la República en la Venezuela de Hoy"*, Tomo I, Konrad Adenauer Stiftung y Universidad Católica Andrés Bello, Caracas, 2013.

HERNÁNDEZ-BRETÓN, Eugenio. "Ciudadanos y Ciudadanas (De los Límites de la Originalidad)", en *El Estado Constitucional y el Derecho Administrativo en Venezuela, Libro Homenaje a Tomás Polanco Alcántara*, Estudios del Instituto de Derecho Público, Universidad Central de Venezuela, Caracas, 2005.

HERNÁNDEZ CAMARGO, Lolymar. "El Poder Constituyente como Principio Legitimador de la Constitución", en *Estudios Homenaje al Profesor Allan R. Brewer Carías, "El Derecho Público a Comienzos del Siglo XXI"*, Tomo I, Civitas Ediciones, Madrid, 2003.

_____________________. "La Soberanía Popular como Principio Fundamental, sus Desafíos frente al Poder Popular", en *Libro Homenaje a José Guillermo Andueza, "Desafíos de la República en la Venezuela de Hoy"*, Tomo I, Konrad Adenauer Stiftung y Universidad Católica Andrés Bello, Caracas, 2013.

HURTADO, Jorge Iván. "La Audiencia Pública como Mecanismo de Participación Ciudadana en la Gestión Ambiental", en *Lecturas de Derecho del Medio Ambiente*, Tomo III, Universidad Externado de Colombia, Bogotá, 2002.

__________________. "La Consulta Previa como Requisito Obligatorio dentro de los Trámites Legislativos cuyo Contenido pueda Afectar en Forma Directa a Comunidades Indígenas", en *Lecturas de Derecho del Medio Ambiente*, Tomo VIII, Universidad Externado de Colombia, Bogotá, 2008.

JIMÉNEZ MEZA, Manrique. "El Estado Democrático Participativo y el Ejercicio de la Potestad Reglamentaria", en *Estudios Homenaje al Profesor Allan R. Brewer Carías, "El Derecho Público a Comienzos del Siglo XXI"*, Tomo I, Civitas Ediciones, Madrid, 2003.

LANDER, Edgardo. "Venezuela: La Experiencia Bolivariana en la Lucha por Trascender al Capitalismo", *Revista Cerlatinoamericana*, Edición Especial N° 2, Centro de Estudios de la Realidad Latinoamericana, Caracas, Diciembre 2017.

LARES BASSA, Rodrigo. "La Participación Ciudadana y los Consejos Comunales. Crítica a la Antinomia entre la (Constitucional) Pluralidad de la Participación y el (Legal) Protagonismo de Dichos Consejos", en *Democracia Participativa*, Colección Estado de Derecho, Serie Primera, Tomo VIII, Acceso a la Justicia, Fundación Estudios de Derecho Administrativo y Universidad Metropolitana, Caracas, 2012.

LEJARZA, Jacqueline. "De las Primeras Formas de Organización del Pueblo Venezolano a la Creación de la Primera República", en *Estudios Homenaje al Profesor Allan R. Brewer Carías, "El Derecho Público a Comienzos del Siglo XXI"*, Tomo III, Civitas Ediciones, Madrid, 2003.

LÓPEZ GUERRA, Luís. "Justicia Constitucional y Derechos Humanos", conferencia dictada el 18 de enero de 2007, con ocasión del Curso de "Justicia Constitucional y Derechos Humanos", VII Edición de los Cursos de Postgrado en Derecho para Juristas Iberoamericanos, Universidad de Castilla-La Mancha, Toledo, 8 al 25 de enero de 2007 (grabación).

LÓPEZ GUERRA, Luís. "La Función Protectora del Tribunal Europeo de Derechos Humanos", conferencia dictada el 10 de enero de 2008, con ocasión del Curso de "Derechos Humanos y Garantías Constitucionales", VIII Edición de los Cursos de Postgrado en Derecho para Juristas Iberoamericanos, Universidad de Castilla-La Mancha, Toledo, 7 al 24 de enero de 2008 (grabación).

LORETO GONZÁLEZ, Irene. "Proceso Constituyente y Constitución de 1811", en *Estudios Homenaje al Profesor Allan R. Brewer Carías, "El Derecho Público a Comienzos del Siglo XXI"*, Tomo I, Civitas Ediciones, Madrid, 2003.

LOZADA CARABALLO, Eva. "Persistencia de Principios en la Constitución Venezolana", *Libro Homenaje a Enrique Tejera París, Temas sobre la Constitución de 1999*, Universidad Central de Venezuela, Caracas, 2001.

MAIHOFER, Werner, "Principios de una democracia en libertad", en *Manual de Derecho Constitucional*, Marcial Pons, Ediciones Jurídicas y Sociales, 2ª edición, Madrid–Barcelona, 2001.

MAJANO CAÑO, María José. "Los Derechos Humanos. Concepto. Perspectiva Histórica y Comparada. Derechos Humanos y Constitucionalismo", sesión impartida el 12 de enero de 2007, con ocasión del Curso de "Justicia Constitucional y Derechos Humanos", VII Edición de los Cursos de Postgrado en Derecho para Juristas Iberoamericanos, Universidad de Castilla-La Mancha, Toledo, 8 al 25 de enero de 2007 (grabación).

MARTÍN SÁNCHEZ, María. "La Garantía Jurisdiccional de los Derechos en el Ámbito Regional. El Tribunal Europeo de Derechos Humanos y la Corte Interamericana de Derechos Humanos. Las Relaciones entre Jurisdicciones en Garantía de los Derechos", sesión impartida el 22 de enero de 2008, con ocasión del Curso de "Derechos Humanos y Garantías Constitucionales", VIII Edición de los Cursos de Postgrado en Derecho para Juristas Iberoamericanos, Universidad de Castilla-La Mancha, Toledo, 7 al 24 de enero de 2008 (grabación).

MATHEUS INCIARTE, María Milagros, MORALES VILLALOBOS, Eduviges y ROMERO RÍOS, María Elena. "Federalismo Descentralizado-Cooperativo: Institucionalización y Operatividad", en *Libro Homenaje a José Guillermo Andueza, "Desafíos de la República en la Venezuela de Hoy"*, Tomo II, Konrad Adenauer Stiftung y Universidad Católica Andrés Bello, Caracas, 2013.

MEIER, Henrique. "El Estado Democrático de los Derechos Humanos: Único Modelo Legítimo de Organización de las Relaciones de Poder para el Hemisferio Americano", *Tendencias Actuales del Derecho Constitucional, Homenaje a Jesús María Casal Montbrun"*, Tomo I, UCV y UCAB, Caracas, 2007.

MÉNDEZ-APOLINAR, Yusby. "La Obligación Ciudadana de Participación en los Asuntos Públicos, como Expresión de la Cultura Democrática (una breve reflexión)", en *Estudios Homenaje al Profesor Allan R. Brewer-Carías, "El Derecho Público a Comienzos del Siglo XXI"*, Tomo I, Civitas Ediciones, Madrid, 2003.

MORA BASTIDAS, Freddy. "La Responsabilidad de los Consejos Comunales derivada del ejercicio de la Función Pública", Provincia, *Revista Venezolana de Estudios Territoriales*, N° 18, Universidad de los Andes, Mérida, julio-diciembre 2007.

MORA NAVA, Raúl. "Las consultas y audiencias públicas como mecanismos de participación ciudadana y control social en la actividad normativa de la Administración Pública venezolana", *Tendencias Actuales del Derecho Constitucional, Homenaje a Jesús María Casal Montbrun"*, Tomo I, UCV y UCAB, Caracas, 2007.

MOURIÑO, Carlos Enrique. "Participación Ciudadana", en *Libro Homenaje a Humberto J. La Roche, "Estudios de Derecho Público"*, Volumen II, Tribunal Supremo de Justicia, Caracas, 2001.

NAVARRO, Clemente. "Límites al Nuevo Localismo: Gobierno Municipal en las Democracias Occidentales", *Revista de Estudios Políticos* N° 100, abril-junio, 1998.

NEVEU, Catherine. "Habitants, citoyens: interroger les catégories", *La démocratie participative. Histoire et généalogie*, sous la direction de Marie-Hélene Bacque et Yves Sintomer, Editions La Decouverte, Paris, 2011.

NJAIM, Humberto. "El Sistema Político. Democracia y Participación: Principios Rectores y Consecuencias", en *La Constitución de 1999*, Academia de Ciencias Políticas y Sociales, Caracas, 2000.

ORTIZ-ORTIZ, Rafael. "La Dignidad y el Desarrollo de la Personalidad como Premisa Axiológica del Constitucionalismo Contemporáneo", *Revista de la Fundación Procuraduría*, N° 14, Caracas, 1996.

PALACIOS SANABRIA, Luis Guillermo. "Justicia Constitucional en la Democracia Asociativa y Deliberativa", *Revista Electrónica de Investigación y Asesoría Jurídica REDIAJ-14*, Instituto de Estudios Constitucionales, Caracas, Diciembre 2017.

PERAZA, Arturo. "Democracia Participativa y Derechos Humanos", en *Aportes Andinos*, N° 13, Universidad Andina Simón Bolívar, Quito, 2005.

__________________. "Dos Modelos de Participación. Uno solo democrático", *Revista SIC*, N° 693, Caracas, abril 2007.

__________________. "Reforma, Democracia Participativa y Poder Popular", en *Revista de Derecho Público*, N° 112, Estudios sobre la Reforma Constitucional, Editorial Jurídica Venezolana, Caracas, octubre-diciembre 2007.

PÉREZ CAMPOS, Carmen Magaly. "Los Derechos Humanos. Su Definición y Vinculación con los Planos de la Moralidad y de la Legalidad", *Revista de la Facultad de Ciencias Jurídicas y Políticas*, N° 83, Universidad Central de Venezuela, Caracas, 1992.

PÉREZ TREMPS, Pablo. "El Papel del Tribunal Constitucional tras Veinticinco Años de Funcionamiento", conferencia dictada el 24 de enero de 2006, con ocasión del Curso de "Justicia constitucional: Teoría y práctica actual", VI Edición de los Cursos de Postgrado en Derecho para Juristas Iberoamericanos, Universidad de Castilla-La Mancha, Toledo, 9 al 26 de enero de 2006 (grabación).

__________________. "Relación entre Derecho Constitucional y Derecho Internacional en la Protección de Derechos Fundamentales: el Caso de la Unión Europea", conferencia dictada el 17 de enero de 2008, con ocasión del Curso de "Derechos Humanos y Garantías Constitucionales", VIII Edición de los Cursos de Postgrado en Derecho para Juristas Iberoamericanos, Universidad de Castilla-La Mancha, Toledo, 7 al 24 de enero de 2008 (grabación).

PÉREZ YRUELA, Manuel. "Republicanismo y Corporatismo", en *"Participación y Democracia", Libro Homenaje a D. Antonio Rodero Franganillo*, Carlos Mora Lozano, Coordinador, Universidad de Córdoba y Diputación de Córdoba, Córdoba, 2006.

PICARD DE ORSINI, Marie y USECHE, Judith. "Del Estado Democrático y Social de Derecho y de Justicia al Estado Comunal: El Estado Anómino", en *Libro Homenaje a José Guillermo Andueza, "Desafíos de la República en la Venezuela de Hoy"*, Tomo II, Konrad Adenauer Stiftung y Universidad Católica Andrés Bello, Caracas, 2013.

PISARELLO, Gerardo. "Derechos Sociales, Democracia e Inmigración en el Constitucionalismo Español: del Originalismo a una Interpretación Sistemática y Evolutiva", en *La Universalidad de los Derechos Sociales: el Reto de la inmigración*, María José Añón (ed.), Universidad de Valencia, Tirant lo Blanch, Valencia, 2004.

PRIETO SANCHÍS, Luís. "Los Derechos Sociales y el Principio de Igualdad Sustancial", en *La Universalidad de los Derechos Sociales: el Reto de la inmigración*, María José Añón (ed.), Universidad de Valencia, Tirant lo Blanch, Valencia, 2004.

__________. "Los Derechos Sociales como Derechos Fundamentales", sesión impartida el 16 de enero de 2008, con ocasión del Curso de "Mercado, Sociedad y Estado en la Era de la Globalización", VIII Edición de los Cursos de Postgrado en Derecho para Juristas Iberoamericanos, Universidad de Castilla-La Mancha, Toledo, 7 al 24 de enero de 2008 (grabación).

__________. "Los Derechos del Ámbito Social y Económico y las Nuevas Generaciones de Derechos", sesión impartida el 22 de enero de 2008, con ocasión del Curso de "Derechos Humanos y Garantías Constitucionales", VIII Edición de los Cursos de Postgrado en Derecho para Juristas Iberoamericanos, Universidad de Castilla-La Mancha, Toledo, 7 al 24 de enero de 2008 (grabación).

QUINTERO, Jesús R. "Teoría y Práctica de la Sociedad Civil", en *Revista de Derecho*, N° 4, Tribunal Supremo de Justicia, Caracas, 2002.

RACHADELL, Manuel. "La Centralización del Poder en el Estado Federal Descentralizado", en *Revista de Derecho Público*, N° 115, Editorial Jurídica Venezolana, Caracas, julio-septiembre 2008.

REBATO PEÑO, Elena. "La Protección Específica no Jurisdiccional: Los Defensores del Pueblo", sesión impartida el 21 de enero de 2008, con ocasión del Curso de "Derechos Humanos y Garantías Constitucionales", VIII Edición de los Cursos de Postgrado en Derecho para Juristas Iberoamericanos, Universidad de Castilla-La Mancha, Toledo, 7 al 24 de enero de 2008 (grabación).

RESTREPO PIEDRAHITA, Carlos. "Las Primeras Constituciones Políticas de Colombia y Venezuela", *Revista Ayer*, N° 8, El Primer Constitucionalismo Iberoamericano, Asociación de Historia Contemporánea, Marcial Pons, Madrid, 1992.

REY CANTOR, Ernesto. "Democracia Participativa, Consulta Popular e Iniciativa Popular", en *Constitucionalistas ante la Constituyente*, Editorial Temis, Bogotá, 1990.

RIVAS, Álex y otros. "Participación Social en el Manejo de las Áreas Protegidas", Taller Regional, The Nature Conservancy y USAID, Quito, 2006.

RIVERA, José Antonio. "El Neoconstitucionalismo y el Pluralismo Jurídico", en *Libro Homenaje a José Guillermo Andueza, "Desafíos de la República en la Venezuela de Hoy"*, Tomo I, Konrad Adenauer Stiftung y Universidad Católica Andrés Bello, Caracas, 2013.

RODRÍGUEZ-ARANA, Jaime. "Los Derechos Fundamentales en el Estado Social y el Derecho Administrativo Constitucional", en *El Derecho Público a los 100 Números de la Revista de Derecho Público 1980-2005*, Editorial Jurídica Venezolana, Caracas, 2006.

__________________. "El Derecho Fundamental al Buen Gobierno y a la Buena Administración de Instituciones Públicas", en *Revista de Derecho Público*, N° 113, Editorial Jurídica Venezolana, Caracas, enero-marzo 2008.

Rodríguez-Arana, Jaime. "La Participación en la Nueva Ley de Medidas para la Modernización del Gobierno Local", en *Desafíos del Derecho Administrativo Contemporáneo*, Tomo II, Ediciones Paredes, Caracas, 2009.

RODRÍGUEZ COSTA, Manuel. "El Derecho de Acceso a los Archivos y Registros de la Administración Pública", en *Estudios Homenaje al Profesor Allan R. Brewer Carías, "El Derecho Público a Comienzos del Siglo XXI"*, Tomo II, Civitas Ediciones, Madrid, 2003.

RODRÍGUEZ GARCÍA, Armando. "Ciudad y Gobierno Local: Riesgos, desafíos y fortalezas", *Revista de Derecho Público*, N° 132, Editorial Jurídica Venezolana, Caracas, octubre-diciembre 2012.

ROMERO, Carlos. "El Poder Popular como Propuesta Gubernamental en Venezuela (2004-2013)", en *Democracia Participativa, Colección Estado de Derecho*, Serie Primera, Tomo VIII, Acceso a la Justicia, Fundación Estudios de Derecho Administrativo y Universidad Metropolitana, Caracas, 2012.

ROMERO, César. "Revolución Bolivariana (1998 – 2012): Proceso con momentos progresivos enterrado por la Vieja Izquierda del Socialismo Real", *Revista Cerlatinoamericana*, Edición Especial N° 2, Centro de Estudios de la Realidad Latinoamericana, Caracas, Diciembre 2017.

RONDÓN DE SANSÓ, Hildegard. "Las Transformaciones Fundamentales en la Organización y Dinámica del Estado derivadas de la Constitución de 1999", en *Libro Homenaje a Gonzalo Pérez Luciani, "Temas de Derecho Administrativo"*, Volumen II, Tribunal Supremo de Justicia, Caracas, 2002.

ROSALES ROA, Ricardo F. "Los Derechos Humanos como Respuesta a la Desconfianza en el Estado", Derecho y Sociedad, *Revista de la Facultad de Ciencias Jurídicas y Políticas de la Universidad Monteávila*, N° 14, Caracas, noviembre 2017.

ROUSSEAU, Dominique. "La démocratie continue: on en naît pas citoyen, on le devient!", Hommes & Libertés, *Bulletin de la Ligue des Droits de l'Homme*, N° 137, Paris, janvier-mars 2007.

RUÍZ ALMENARA, José Antonio. "Institucionalización de la Participación Ciudadana en la Diputación de Córdoba", en *"Participación y Democracia", Libro Homenaje a D. Antonio Rodero Franganillo*, Carlos Mora Lozano, Coordinador, Universidad de Córdoba y Diputación de Córdoba, Córdoba, 2006.

SALAZAR BENÍTEZ, Octavio. "El Marco Legal de la Participación Ciudadana en los Municipios", en *"Participación y Democracia", Libro Homenaje a D. Antonio Rodero Franganillo*, Carlos Mora Lozano, Coordinador, Universidad de Córdoba y Diputación de Córdoba, Córdoba, 2006.

SÁNCHEZ MELEÁN, Jorge. "Federalismo, Descentralización y Participación en Venezuela (1990-2006)", Tendencias Actuales del Derecho Constitucional, *Homenaje a Jesús María Casal Montbrun"*, Tomo I, UCV y UCAB, Caracas, 2007.

SÁNCHEZ MORÓN, Miguel. "El Principio de Participación en la Constitución Española", en *Revista de Administración Pública* N° 89, Centro de Estudios Constitucionales, Madrid, mayo-agosto, 1979.

SANTOMER, Yves. "Démocratie participative, démocratie délibérative: l'histoire contrastée de deux catégories émergentes", *La démocratie participative. Histoire et généalogie*, sous la direction de Marie-Hélene Bacqué et Yves Sintomer, Editions La Decouverte, Paris, 2011.

SARRÍA, Eustorgio. "La Participación del Administrado en la Formación del Acto Administrativo", en *La Protección Jurídica de los Administrados*, Ediciones Rosaristas, Bogotá, 1980.

SOLANES CORELLA, Ángeles. "El Acceso a los Derechos Sociales por parte de los Inmigrantes, un ejemplo: la Vivienda", en *La Universalidad de los Derechos Sociales: el Reto de la inmigración*, María José Añón (ed.), Universidad de Valencia, Tirant lo Blanch, Valencia, 2004.

SPÓSITO CONTRERAS, Emilio. "Reflexiones sobre el Consejo Federal de Gobierno como Máxima Instancia de Participación Administrativa", en *Libro Homenaje a Gonzalo Pérez Luciani, "Temas de Derecho Administrativo"*, Volumen II, Tribunal Supremo de Justicia, Caracas, 2002.

TARAN, Patrick. "Les Droits Sociaux des Migrants", conférence à la 38ème Session Anuelle d'Enseignement "Migrations de Populations et Droits de l'Homme", Institut International des Droits de l'Homme, Strasbourg, France, 2-27 juillet 2007 (enregistrement).

TOLIVAR ALAS, Leopoldo. "Principio de Participación", en *Los Principios Jurídicos del Derecho Administrativo*, Juan Alfonso Santamaría Pastor, Director, *La Ley*, Grupo Wolters Kluwer, Nueva Imprenta, Madrid, 2010.

TRÍAS, Diana. "La Participación Ciudadana en la Elaboración de los Decretos-Leyes Delegados", en *Libro Homenaje a José Guillermo Andueza, "Desafíos de la República en la Venezuela de Hoy"*, Tomo I, Konrad Adenauer Stiftung y Universidad Católica Andrés Bello, Caracas, 2013.

TURUHPIAL CARIELLO, Héctor. "La Deconstrucción del Estado Democrático", en *Libro Homenaje a José Guillermo Andueza, "Desafíos de la República en la Venezuela de Hoy"*, Tomo I, Konrad Adenauer Stiftung y Universidad Católica Andrés Bello, Caracas, 2013.

URDANETA, Argenis. "El Poder Público Municipal en el Estado Federal Descentralizado", en *Estudios Homenaje al Profesor Allan R. Brewer Carías, "El Derecho Público a Comienzos del Siglo XXI"*, Tomo I, Civitas Ediciones, Madrid, 2003.

UROSA M., Daniela. "Alcance e Implicaciones del Poder Popular en Venezuela", en *Anuario de Derecho Público*, Tomo IV (2011), Universidad Monteávila, Caracas, 2013.

USECHE DÍAZ, Luís Enrique. "El Estado Social y Democrático de Derecho y de Justicia. Utopía y Frustración", en *Libro Homenaje a Jesús María Casal Montbrun, "Tendencias Actuales del Derecho Constitucional"*, Tomo I, UCV y UCAB, Caracas, 2007.

VICIANO PASTOR, Roberto y MARTÍNEZ, Rubén. "Presentación: Aspectos Generales del Nuevo Constitucionalismo Latinoamericano", en *El Nuevo Constitucionalismo en América Latina*, Corte Constitucional del Ecuador, Quito, 2010.

VIDAL MARÍN, Tomás. "Los Derechos de Participación Política. Reunión, Manifestación y Asociación. El Derecho de Sufragio. Los Partidos Políticos y sus Límites Constitucionales", sesión impartida el 18 de enero de 2008, con ocasión del Curso de "Derechos Humanos y Garantías Constitucionales", VIII Edición de los Cursos de Postgrado en Derecho para Juristas Iberoamericanos, Universidad de Castilla-La Mancha, Toledo, 7 al 24 de enero de 2008 (grabación).

VIGO, Rodolfo. "Derecho y Moral en el Estado de Derecho Constitucional (Proyecciones Teóricas: Iuspositivismo, Neoconstitucionalismo y Realismo Jurídico Clásico)", en *Prudentia*, N° 74, *Revista de la Facultad de Derecho de la Pontificia Universidad Católica Argentina*, Buenos Aires, diciembre de 2012.

VILLEGAS MORENO, José Luís. "La Irrupción de la Comuna en el Escenario del Poder Público Municipal: Jaque al Municipio Constitucional", en *Libro Homenaje a José Guillermo Andueza, "Desafíos de la República en la Venezuela de Hoy"*, Tomo II, Konrad Adenauer Stiftung y Universidad Católica Andrés Bello, Caracas, 2013.

ZAFRA ESPINOSA DE LOS MONTEROS, Rafael. "Los Derechos Económicos, Sociales y Culturales de los Extranjeros en España", en *La Ley de Extranjería a la Luz de las Obligaciones de España en Derechos Humanos*, Juan Antonio Carrillo Salcedo (coordinador), Universidad Internacional de Andalucía, Akal Ediciones, Madrid 2002.

Internet:

BOROWSKI, Martín. "La Restricción de los Derechos Fundamentales", en *Revista Española de Derecho Constitucional* N° 59, CEPC, Madrid, mayo-agosto 2000.

https://dialnet.unirioja.es/servlet/articulo?codigo=79684 (consultado 17/07/16).

BREWER-CARÍAS, Allan Randolph. "La Declaración Francesa de Derechos del Hombre y del Ciudadano (1789) y su Influencia sobre las Constituciones. El Caso de Venezuela (1811)".

http://www.allanbrewercarias.com/Content/449725d9-f1cb-474b-8ab2-41efb849fea7/Content/II.3.37%20LA%20DECLARA-CION%20FRANCESA%20DE%20DERECHOS%20DEL%20HOM-BRE%20(1989).pdf (consultado 28/12/15).

BREWER-CARÍAS, Allan Randolph. "Nuevas Reflexiones sobre el Papel de los Tribunales Constitucionales en la Consolidación del Estado Democrático de Derecho: Defensa de la Constitución, Control del Poder y Protección de los Derechos Humanos", en *Anuario de Derecho Constitucional Latinoamericano*, UNAM, México, 2007.

http://www.allanbrewercarias.com/Content/449725d9-f1cb-474b-8ab2-41efb849fea8/Content/II,4,%20511.%20El%20papel%20de%20los%20tribunales%20constitucionales%20en%20la%20conso lidaci%C3%B3n%20del%20Estado%20democr%C3%A1tico%20de %20derecho.%20La%20protecci%C3%B3n%20de%20los%20DDHH .pdf (consultado 17/07/16).

BREWER-CARÍAS, Allan Randolph. "Sobre el Poder Popular y el Estado Comunal en Venezuela", 2010.

http://www.frentepatriotico.com/inicio/2012/11/06/sobre-el -poder-popular-y-el-estado-comunal-en-venezuela-2/

Carta de los Derechos Fundamentales de la Unión Europea, del 18 de diciembre de 2000.

http://www.europarl.europa.eu/charter/pdf/text_es.pdf (consultado 28/12/15).

Carta Democrática Interamericana, del 11 de septiembre de 2001.

http://www.oas.org/charter/docs_es/resolucion1_es.htm (consultado 28/12/15).

CHACÍN FUENMAYOR, Ronald. "La Doctrina de la Interpretación de los Derechos Humanos y la Constitución Venezolana de 1999", en *Gaceta Laboral*, N° 2, CIELDA, Maracaibo, 2004.

http://produccioncientificaluz.org/index.php/gaceta/article/ view/3764 (consultado 17/07/16).

Comisión Interamericana de Derechos Humanos, Relatoría Especial para la Libertad de Expresión, "El Derecho de Acceso a la Información en el Marco Jurídico Interamericano", Organización de Estados Americanos, Washington, 2010.

http://www.oas.org/es/cidh/expresion/docs/publicaciones /ACCESO%20A%20LA%20INFORMACION%20FINAL%20CON %20PORTADA.pdf

Constitución de los Estados Unidos de América, del 17 de septiembre de 1787.

http://www.hacer.org/pdf/Constitucion.pdf (consultado 28/ 12/15).

Constitución Federal de Venezuela, del 21 de diciembre de 1811.

http://venciclopedia.com/index.php?title=Constituci%C3%B3 n_Federal_de_1811/Texto_Constitucional (consultado 28/12 /15).

Constitución Francesa del 3 de septiembre de 1791.

http://www.historiaconstitucional.com/index.php/historiaco nstitucional/article/view/115/99 (consultado 28/12/15).

Constitución Francesa del 24 de junio de 1793.

http://www.diputados.gob.mx/biblioteca/bibdig/const_mex /const_fra.pdf (consultado 28/12/15).

Constitución Política de Venezuela, del 11 de agosto de 18719.

http://www.clbec.gob.ve/pdf/CONSTITUCION%201819.pdf (consultado 28/12/15).

Convención Americana sobre Derechos Humanos.

http://www.oas.org/dil/esp/tratados_B-32_Convencion_ Americana_sobre_Derechos_Humanos.htm (consultado 28/12/ 15).

Convención sobre la Eliminación de Todas las Formas de Discriminación contra la Mujer.

http://www.un.org/womenwatch/daw/cedaw/text/sconve ntion.htm (consultado 28/12/15).

Convención sobre los Derechos del Niño, del 20 de noviembre de 1989.

http://www.ohchr.org/SP/ProfessionalInterest/Pages/CRC.a spx (consultado 28/12/15).

Convenio sobre el Acceso a la Información, la Participación del Público en la Toma de Decisiones y el Acceso a la Justicia en Materia de Medio Ambiente (Convenio de Aarhus), del 25 de junio de 1998.

http://www.mediterranea.org/cae/aarhus_convenio.htm (consultado 28/12/15).

Declaración Americana de los Derechos y Deberes del Hombre, de 1948.

http://www.oas.org/es/cidh/mandato/Basicos/declaracion.asp (consultado 28/12/15).

Declaración de Derechos del Buen Pueblo de Virginia, del 12 de junio de 1776.

http://www.tendencias21.net/derecho/Declaracion-de-Derechos-de-Virginia-de-12-de-junio-1776_a107.html (consultado 28/12/15).

Declaración de Independencia de los Estados Unidos de América, del 4 de julio de 1776.

http://hmc.uchbud.es/Materiales/DeclaraUSA.pdf (consultado 28/12/15).

Declaración de Independencia de Venezuela, del 5 de julio de 1811.

http://www.ucv.ve/fileadmin/user_upload/BicentenarioUCV/Documentos/Acta_de_la_independencia_de_Venezuela_de_1811-1_1_.pdf (consultado 28/12/15).

Declaración de los Derechos del Hombre y del Ciudadano, del 26 de agosto de 1789.

http://juridicas.unam.mx/publica/librev/rev/derhum/cont/30/pr/pr23.pdf (consultado 28/12/15).

Declaración de los Derechos del Pueblo, del 1 de julio de 1811.

http://biblio.juridicas.unam.mx/libros/4/1840/8.pdf (consultado 28/12/15).

Declaración de Principios sobre la Libertad de Expresión de la Comisión Interamericana de Derechos Humanos.

http://www.cidh.oas.org/basicos/basicos13.htm (consultado 28/12/15).

Declaración Universal de los Derechos Humanos, del 10 de diciembre de 1948.

http://www.un.org/es/documents/udhr/index_print.shtml (consultado 28/12/15).

DIPPEL, Horst. "El Concepto de Constitución en los Orígenes del Constitucionalismo Norteamericano (1774-1776)".

http://www.uniovedo.es/constitucional/fundamentos/sexto /pdfs/01_dippel.pdf (consultado 29/12/15).

DIPPEL, Horst. "Constitucionalismo Moderno. Introducción a una Historia que Necesita Ser Escrita".

https://www.google.co.ve/webhp?sourceid=chrome-instant &ion=1&espv=2&ie=UTF-8#q=Horst+Dippel%3A+%E2%80%9 Constitucionalismo+Moderno.+Introducci%C3%B3n+a+una+Histo- ria+que+Necesita+ser+Escrita%E2%80%9D(consultado 29/12/15).

Documento E/C.12/2000/6 "Participación de la Sociedad Civil en las actividades del Comité DESC de la ONU", del 7 de julio de 2000.

http://tbinternet.ohchr.org/_layouts/treatybodyexternal/Dow nload.aspx?symbolno=E%2FC.12%2F2000%2F6&Lang=en (consul- tado 28/12/15).

Documento "Lineamientos para la Elaboración de Indicadores de Progreso en Materia de Derechos Económicos, Sociales y Cultu- rales", Letra C. Acceso a la Información y Participación, de la Co- misión Interamericana de Derechos Humanos.

http://cidh.org/countryrep/IndicadoresDESC08sp/Indicador es2.sp.htm#Acceso a la información y participación (consultado 28/12/15).

FERRAJOLI, Luigi, "Sobre los Derechos Fundamentales", Cues- tiones Constitucionales, *Revista Mexicana de Derecho Constitucional*, Número 15, Biblioteca Jurídica Virtual, Universidad Nacional Au- tónoma de México, México, julio-diciembre 2006.

http://www.juridicas.unam.mx/publica/rev/cconst/cont/15 /ard/ard5.htm (consultado 28/12/15).

GONZÁLEZ MARREGOT, Miguel. "La Participación Ciudadana como Alternativa de Gobierno", *Revista Aportes Andinos*, número 14, Universidad Andina Simón Bolívar, Ecuador.

http://es.slideshare.net/ciudadanolibre/cfakepathparticipacin -ciudadana-alternativa-de-gobierno (consultado 28/12/15).

GROTE, Rainer. "Limitaciones para la ley en la regulación de los derechos humanos en el Derecho europeo, con especial referencia al Derecho alemán", *Anuario de Derecho Constitucional Latinoamericano*, UNAM, México, 2003.

http://www.juridicas.unam.mx/publica/librev/rev/dconstla/cont/2003/pr/pr5.pdf (consultado 17/07/16).

HAYE, Marie. "Reforme du droit de la publicité extérieure, des enseignes et des préenseignes: Rôle et enjeux pour les associations de protection de l'environnement", Rapport de stage, Master II "Droit de l'environnement, des territoires et des risques", Université de Strasbourg, France, 2013.

http://s141276278.onlinehome.fr/uploads/smartsection/114_memoireHaye2013_bd-1.pdf (consultado 21/10/17).

LANDA, César. "Teorías de los Derechos Fundamentales", Cuestiones Constitucionales, *Revista Mexicana de Derecho Constitucional*, Número 6, Biblioteca Jurídica Virtual, Universidad Nacional Autónoma de México, México, enero-junio 2002.

http://www.juridicas.unam.mx/publica/rev/cconst/cont/6/ard/ard3.htm (consultado 28/12/15).

LORETO GONZÁLEZ, Irene. "El Pensamiento de Juan Germán Roscio en los Primeros Textos Constitucionales de Venezuela", en *Libro Homenaje al Profesor Alfredo Arismendi A.*, Ediciones Paredes, Universidad Central de Venezuela, Caracas, 2008.

http://www.uma.edu.ve/admini/ckfinder/userfiles/files/Irene%20Loreto%20Roscio%20Seminario.pdf (consultado 28/ 12/15).

NAZOA, Aquiles. "El Credo".

http://www.mundopoesia.com/foros/showthread.php?t=248248 (consultado 28/12/15).

Opinión Consultiva OC-5/85 del 13 de noviembre de 1985, de la Corte Interamericana de Derechos Humanos, sobre la Colegiación Obligatoria de Periodistas

http://www.corteidh.or.cr/docs/opiniones/seriea_05_esp.pdf (consultado 28/12/15).

Opinión Consultiva OC-6/86 del 9 de mayo de 1986, de la Corte Interamericana de Derechos Humanos, acerca del entendimiento de la palabra "leyes" en el artículo 30 de la Convención Americana sobre Derechos Humanos.

http://www.corteidh.or.cr/docs/opiniones/seriea_06_esp.pdf (consultado 28/12/15).

Organización de Estados Americanos (OEA), "Manual para la Participación de la Sociedad Civil en las Actividades de la OEA", OEA, Washington, 2010.

http://www.oas.org/es/sre/dai/sociedad_civil/Docs/manual_participation_sc_2013_es.pdf

Pacto Internacional de los Derechos Civiles y Políticos, del 16 de diciembre de 1966.

http://www.ohchr.org/SP/ProfessionalInterest/Pages/CCPR.aspx (consultado 28/12/15).

Pacto Internacional de los Derechos Económicos, Sociales y Culturales, del 16 de diciembre de 1966.

http://www.ohchr.org/SP/ProfessionalInterest/Pages/CESCR.aspx (consultado 28/12/15).

Proyecto de Ley Orgánica de Participación Ciudadana, de la Comisión Permanente de Participación Ciudadana, Descentralización y Desarrollo Regional de la Asamblea Nacional (aprobado en primera discusión).

http://portal.uasb.edu.ec/UserFiles/369/File/PDF/Centrode Referencia/Temasdeanalisis2/participacionyciudadania/documentos/proyecto.pdf (consultado 28/12/15).

Resolución 1996/31 del 25 de julio de 1996, del Consejo Económico y Social de la Organización de Naciones Unidas, acerca de la relación consultiva entre las Naciones Unidas y las Organizaciones No Gubernamentales.

http://www.dipublico.com.ar/instrumentos/149.html (consultado 28/12/15).

Resolución CP/RES. 759 (1217/99) del 15 de diciembre de 1999, del Consejo Permanente de la Organización de Estados Americanos (OEA), "Directrices para la Participación de las Organizaciones de la Sociedad Civil en las Actividades de la OEA".

http://www.oas.org/36AG/espanol/doc_referencia/cpres759_99.pdf (consultado 28/12/15).

Resolución de la Asamblea General de la Organización de Estados Americanos (OEA) número AG/RES. 2766 (XLIII-O/13) del 5 de junio de 2013, "Promoción y Fortalecimiento de la Democracia: Seguimiento de la Carta Democrática Interamericana.

http://www.oas.org/council/sp/AG/AG43ordinaria.asp (consultado 28/12/15).

ROGER, Garance. "Le système de gestion forestière. Rôle et action des associations de protection de la nature et de l'environnement dans la gestion des forêts publiques", Rapport de stage, Master II "Droit de l'environnement, des territoires et des risques", Université de Strasbourg, France, 2013.

http://s141276278.onlinehome.fr/uploads/smartsection/114_memoire_Royer20123.pdf (consultado 23/10/17).

Secretariado Permanente de la Red Latinoamericana y del Caribe para la Democracia (Redlad).

http://www.redlad.org/ (consultado 28/12/15).

SIEYES, Emmanuel Joseph. "Qu'est-ce que le Tiers état?", Éditions du Boucher, Paris, 2002.

http://www.leboucher.com/pdf/sieyes/tiers.pdf (consultado 28/12/15).

TÓRTORA ARAVENA, Hugo. "Las Limitaciones a los Derechos Fundamentales", en *Estudios Constitucionales* N° 2, CEC, Santiago de Chile, 2010.

http://www.scielo.cl/scielo.php?script=sci_arttext&pid=S071 8-52002010000200007 (consultado 17/07/16).

Legislación:

Constitución de la República Bolivariana de Venezuela de 1999 (publicada en la Gaceta Oficial Extraordinaria número 5.453 del 24 de marzo de 2000).

Decreto número 6.265 del 22 de julio de 2008, con Rango, Valor y Fuerza de Ley de Simplificación de Trámites Administrativos (derogado), publicado en la Gaceta Oficial Extraordinaria número 5.891 del 31 de julio de 2008.

Decreto número 1.423 del 17 de noviembre de 2014, con Rango, Valor y Fuerza de Ley de Simplificación de Trámites Administrativos, publicado en la Gaceta Oficial Extraordinaria número 6.149 del 18 de noviembre de 2014.

Decreto número 6.217 del 15 de julio de 2008, con Rango, Valor y Fuerza de Ley Orgánica de la Administración Pública (derogado), publicado en la Gaceta Oficial Extraordinaria número 5.890 del 31 de julio de 2008.

Decreto número 1.424 del 17 de noviembre de 2014, con Rango, Valor y Fuerza de Ley Orgánica de la Administración Pública, publicado en la Gaceta Oficial Extraordinaria número 6.147 del 17 de noviembre de 2014.

Decreto número 9.043 del 15 de junio de 2012, con Rango, Valor y Fuerza de Ley Orgánica para la Gestión Comunitaria de Competencias, Servicios y Otras Atribuciones, publicado en la Gaceta Oficial Extraordinaria número 6.079 del 15 de junio de 2012.

Ley de Extranjería y Migración, publicada en la Gaceta Oficial número 37.944 del 4 de mayo de 2004.

Ley de los Consejos Comunales (derogada), publicada en la Gaceta Oficial Extraordinaria número 5.806 del 10 de abril de 2006.

Ley de Protección a la Familia, la Maternidad y la Paternidad, publicada en la Gaceta Oficial número 38.773 del 20 de septiembre de 2007.

Ley Orgánica de Contraloría Social, publicada en la Gaceta Oficial Extraordinaria número 6.011 del 21 de diciembre de 2010.

Ley Orgánica de las Comunas, publicada en la Gaceta Oficial Extraordinaria número 6.011 del 21 de diciembre de 2010.

Ley Orgánica de los Consejos Comunales, publicada en la Gaceta Oficial número 39.335 del 28 de diciembre de 2009.

Ley Orgánica de Planificación Pública y Popular, publicada en la Gaceta Oficial Extraordinaria número 6.011 del 21 de diciembre de 2010.

Ley Orgánica del Poder Popular, publicada en la Gaceta Oficial Extraordinaria número 6.011 del 21 de diciembre de 2010.

Ley Orgánica de Protección para Niños, Niñas y Adolescentes, publicada en la Gaceta Oficial Extraordinaria número 5.859 del 10 de diciembre de 2007.

Ley Orgánica del Sistema Económico Comunal, publicada en la Gaceta Oficial Extraordinaria número 6.011 del 21 de diciembre de 2010.

Jurisprudencia:

Corte Interamericana de Derechos Humanos, Sentencia del 23 de junio de 2005, caso Yatama contra Nicaragua.

http://www.corteidh.or.cr/docs/casos/articulos/seriec_127_esp.pdf (consultado 28/12/15).

Corte Interamericana de Derechos Humanos, Sentencia del 19 de septiembre de 2006, caso Claude Reyes y otros contra Chile.

http://www.corteidh.or.cr/docs/casos/articulos/seriec_151_esp.pdf (consultado 22/12/15).

Corte Interamericana de Derechos Humanos, Sentencia del 2 de mayo de 2008, caso Kimel contra Argentina.

http://www.corteidh.or.cr/index.php/es/jurisprudencia(consultado 28/12/15).

Corte Interamericana de Derechos Humanos, Sentencia del 6 de agosto de 2008, caso Castañeda contra México.

http://www.corteidh.or.cr/cf/Jurisprudencia2/busqueda_casos _contenciosos.cfm?lang=es (consultado 28/12/15).

Tribunal Constitucional Español, Sentencia N° 11/1981 del 8 de abril de 1981, caso Nicolás Redondo Urbieta y otros diputados contra Real Decreto-Ley regulador del Derecho a la Huelga.

http://hj.tribunalconstitucional.es/HJ/fr/Resolucion/Show/11 (consultado 28/12/15).

Tribunal Constitucional Español, Sentencia número 18/ 1984 del 7 de febrero de 1984, caso José Manuel García González y otros contra acto administrativo del Consejo de Administración de la Caja de Ahorros de Asturias.

http://lawcenter.es/w/blog/view/11646/sentencia-del-tribunal-constitucional-181984-de-7-de-febrero-de-1984(consultado 28/12/15).

Tribunal Constitucional Español, Sentencia número 23/1984 del 20 de febrero de 1984, caso Javier Fernández-Miranda Campoamor contra acuerdo de la Junta de Gobierno del Colegio de Abogados de Oviedo.

http://lawcenter.es/w/blog/view/13426/sentencia-del-tribunal-constitucional-231984-de-20-de-febrero-de-1984 (consultado 28/12/15).

Tribunal Constitucional Español, Sentencia número 71/1989 del 20 de abril de 1989, caso Miguel Ángel Andrés Martínez contra Acuerdo de la Junta Electoral de Zona de Burgos de 23 de junio de 1987.

http://hj.tribunalconstitucional.es/HJ/es/Resolución/Show/1277 (consultado 30/12/15).

Tribunal Constitucional Español, Sentencia número 76/1994 del 14 de marzo de 1994, caso Andoni Pérez Cuadrado y otros contra el Acuerdo de la Mesa del Parlamento Vasco de 15 de enero de 1991.

http://hj.tribunalconstitucional.es/HJ/es/Resolucion/Show/2593 (consultado 30/12/15).

Tribunal Constitucional Español, Sentencia número 66/ 1995 del 8 de mayo de 1995, caso Federación de Banca, Ahorro, Seguros y Oficina de la Unión General de Trabajadores.

http://www.tribunalconstitucional.es/es/jurisprudencia/Paginas/Sentencia.aspx?cod=19546 (consultado 28/12/15).

Tribunal Constitucional Español, Sentencia número 55/1996 del 28 de marzo de 1996, caso cuestiones de inconstitucionalidad planteadas por la Audiencia Provincial de Sevilla y otras.

http://www.tribunalconstitucional.es/es/jurisprudencia/Paginas/Sentencia.aspx?cod=19733 (consultado 28/12/15).

Tribunal Supremo de Justicia, Sala Constitucional, Sentencia número 537 del 12 de junio de 2000, caso Ley Orgánica de Telecomunicaciones.

http://www.tsj.gov.ve/decisiones/scon/junio/537-12-6-00-00-1799.HTM (consultado 28/12/15).

Tribunal Supremo de Justicia, Sala Constitucional, Sentencia del 1 de junio de 2001, caso Distribuidora Baibery Sun 2002, C.A. contra Servicio Nacional Integrado de Administración Aduanera y tributaria (SENIAT).

http://www.tsj.gov.ve/decisiones/scon/junio/906-010601-00-2129.HTM (consultado 28/12/15).

Tribunal Supremo de Justicia, Sala Constitucional, Sentencia número 1.723 del 31 de julio de 2002, caso Ley Orgánica del Sistema Venezolano para la Calidad.

http://www.tsj.gov.ve/decisiones/scon/julio/1723-310702-02-1434.HTM (consultado 28/12/15).

ÍNDICE

SEGUNDA PARTE:

EL CONTENIDO ESENCIAL DEL DERECHO HUMANO A LA PARTICIPACIÓN CIUDADANA Y SU VULNERACIÓN POR RESTRICCIONES INDEBIDAS